JN224743

知財で差をつけろ！

中小企業・スタートアップのための商標戦略

弁理士 児嶋秀平
KOJIMA SHUHEI

同文舘出版

はじめに：成長企業ほど、商標登録に積極的である

　成長企業ほど、商標登録に積極的である。―――これは、確固たる事実です。

　例えば、経済産業省は、日本全国1万社のスタートアップの中から特に成長性の高い企業227社を「J-Startup選定企業」として選定・公表しています[*]。
　筆者が2024年12月時点でこれら227社を調査した結果、192社（85％）が自社名の商標登録を実施しており、残り35社のうち34社は商品名やサービス名の商標登録を行っていました。

[*]　経済産業省「J-Startup選定企業」(https://www.j-startup.go.jp/startups/)

　また、日本経済新聞社は2024年12月7日付朝刊で、企業価値が10億ドル（約1500億円）以上に成長する可能性が高いスタートアップ14社を発表しました（次ページ参照）。「ユニコーン予備軍」と称されるこれらの企業は、現時点で日本の成長企業の中でも特に著しい成長を遂げており、「超成長企業」と呼べる存在です。これらについても同様に調査した結果、14社すべてが自社名の商標登録を完了していることが確認されました。

　筆者は業務上、中小企業・スタートアップの経営者と頻繁に接する機会があります。その肌感覚で言えば、彼らのうち自社名の商標登録を行っている企業は1割にも満たないのが実情で

	「ユニコーン予備軍」の企業価値ランキング （500億円以上〜1500億円未満）	
	社名（事業内容）	企業価値
1	TBM（紙・プラスチック代替素材）	1361億円
2	五常・アンド・カンパニー（新興国向け小口金融）	1336
3	Mujin（ロボット制御技術）	1186
4	ティアフォー（自動運転ソフト）	1012
5	STORES（店舗決済・EC構築支援）	947
6	LegalOn Technologies（契約書AI審査システム）	915
7	アンドパッド（施行管理アプリ）	871
8	ビットキー（スマートロック）	761
9	京都フュージョニアリング（核融合発電）	721
10	キャディ（製造業AIデータ解析）	662
11	エリーパワー（蓄電池・蓄電システム）	654
12	ミラティブ（ゲーム配信アプリ）	641
13	データX（企業向けマーケティング支援ソフト）	639
14	Telexistence（飲料補充ロボット）	597

（注）　企業価値は2024年9月末時点。登記情報などを基に日経推計
出典）日本経済新聞　2024年12月7日付朝刊

す。

　一方で、国が選定した成長企業では85％、さらに超成長企業
では100％が自社名の商標登録を行っている事実は、「成長企業
ほど、商標登録に積極的である」という仮説の正しさを裏付け
ています。

　では、なぜ成長企業は少なからぬ手間とコストをかけてまで
商標登録にこだわるのでしょうか？　本書では、その理由を解
き明かしていきます。

本書の目的

　筆者は、商標を専門とする弁理士です。ただし、この道に進んだのは4年前で、それ以前は経済産業省に30年間勤務し、主に中小企業支援政策の企画立案などに携わってきました。

　日本企業の99.7％は中小企業であり、その成長なくして日本経済の発展はあり得ません。しかし、中小企業は大企業に比べて人材・資金・設備などの経営資源が限られているため、国の支援が不可欠です。特に近年は、創業間もないスタートアップへの支援が重視されています。つまり、中小企業・スタートアップをいかに支えるかが、日本経済の活力を左右する重要な鍵となるのです。

　こうした信念のもと、筆者は退官後に弁理士資格を取得し、現在は大企業のように知財部を持つ余裕のない中小企業・スタートアップの知財戦略、とりわけ商標戦略の支援に力を注いでいます。

　本書は、このようなバックグラウンドを持つ筆者だからこそ書ける「実践的な商標戦略のノウハウ」を、一人でも多くの日本の中小企業・スタートアップの経営者に伝えることを目的としています。

本書の構成

　本書では、商標戦略を「商標登録によってブランド価値を守

り育てる戦略」と定義し、商標登録の基礎から実践的な商標戦略までを、以下の構成で解説します。

第1章では、商標登録の意義と商標戦略の重要性について説明します。

第2章では、商標登録によって得られる具体的なメリットを紹介します。

第3章では、出願前の準備事項や注意点を詳しく解説します。また、近年発展の著しい生成AIの活用法も提案します。

第4章では、特許庁審査のプロセスと各段階における対応を説明します。

第5章では、取得した商標権を侵害から守るための方法を示します。

第6章では、海外展開や地方創生などに役立つ商標戦略を紹介します。

このうち、第1章から第5章までが基本的な商標戦略を、第6章ではより高度な商標戦略を扱います。最後までお読みいただければ、表題に掲げた「中小企業・スタートアップのための商標戦略」のすべてを包括的に理解できるでしょう。

弁理士として、そして中小企業支援に取り組んできた専門家として、本書が貴社のブランドを守る確かな盾となり、さらなる成長の礎となることを願っています。

児嶋国際特許事務所® 所長弁理士
児嶋 秀平

カバーデザイン　萩原　睦（志岐デザイン事務所）
DTP　一企画

第 **1** 章

商標戦略の
基礎をおさえよう

第1節　商標登録とは

　本書では、企業の商標戦略を「商標登録によってブランド価値を守り育てる戦略」と定義します。

　中小企業・スタートアップの経営者が自社の成長を支えるためには、商標戦略の理解が欠かせません。本章では、そのために最低限おさえておくべき基礎知識をわかりやすく解説していきます。

　まず本節では、商標登録および商標制度の概要について説明します。

商標登録によって商標権を得る

　「商標登録」とは、特許庁に商標を登録して、商標権を得るための法的手続をいいます。商標は、特許庁に申請すれば自動的に登録されるものではなく、出願後、厳格な審査をクリアする必要があります。

　ちなみに、「商標申請」という表現が一般的に使われることがありますが、これは誤用です。正しくは「商標出願」または「商標登録出願」といいます。

　「商標」とは、自社の商品やサービスを他社のものと区別するために、商品、包装、看板、広告などに表示されるネーミングやロゴマークなどをいいます。具体的には、商品名・サービ

ス名・社名を表す文字や図形、またはこれらの組み合わせが商
標として使用されています。商標登録を受けた商標を「登録商
標」といいます。

　例えば、「Panasonic」（登録第0483598号）は、商品名を表す
文字の登録商標です（**図1-1-1**）。このロゴは最初に作られたも
のですが、現在も権利として有効です。同社はロゴの書体を変
更するたびに新たな商標登録を繰り返しています。なお、
「Panasonic」は元々は輸出用スピーカーの商品名でしたが、そ
の後のブランド価値の高まりを反映して、2008年に社名に昇格
しています。

　一方、「花王＋擬人化した三日月」（登録第2117992号）は、
文字と図形を組み合わせた登録商標です（**図1-1-2**）。このように、

■**図1-1-1**　登録第0483598号

■**図1-1-2**　登録第2117992号

文字や図形の組み合わせからなる商標を「結合商標」といいます。登録商標には通し番号が付与されており、番号が若いほど歴史ある登録商標であることを示しています。

商標権は強力な知的財産権

「商標権」は、商標を独占排他的に使用できる強力な知的財産権です。商標権を持つ企業や個人を、「商標権者」といいます。商標権者は、商標権を行使することで、競合他社が同一または類似する商標を使用するのを阻止できます。これにより、商品名、サービス名、社名に蓄積した消費者の信頼、すなわちブランド価値を法的に保護することができます。

ここで、「株式会社child island」（チャイルドアイランド）という架空のスタートアップを例に説明しましょう。創業間もない同社は、自社開発の高級化粧水を製造・販売しており、「child island」を社名兼商品名のブランドとして使用しています。このブランドを商標登録することで、同社はブランドを模倣する化粧品が市場に出回った場合、模倣業者に対して警告書を送り、法的に使用を中止させることができます。さらに、模倣業者に限らず、自社よりも先に同一または類似するブランドを使用していた同業者に対しても、使用中止を要求することが可能です。

商標権は企業の無形資産

　商標権者は商標権を自由にライセンスしたり、売却することもできます。その価値は商標の知名度が高まるにつれて増加します。このため、商標権は企業の重要な無形資産とみなされます。

　例えば、「株式会社child island」が創業後、順調に成長し、事業規模のさらなる拡大を目指して資金調達する場合を考えてみましょう。金融機関や投資家は、その時点での商標権の価値を金額に換算し、同社の現在および将来のブランド価値を評価します。この評価は、融資額や投資額を決定する重要な参考となります。一方で、社名すら商標登録していなければ、企業ブランドにリスクがあるとみなされ、期待通りの資金調達が難しくなる可能性があります。

　このように、商標登録は単なる形式的な手続ではなく、企業のブランド価値を守り、競争優位を築くための重要な経営戦略であると言えます。

すべては商標法に定められている

　商標登録の要件、審査手続、商標権の効力などを規定する日本の商標制度は、「商標法」という法律によって体系化されています[*]。商標法は全85条から構成され、日本の知的財産制度の中で最も歴史ある法制度の一つです。

（＊）商標法：https://laws.e-gov.go.jp/law/334AC0000000127

商標制度の起源は明治時代に遡ります。当時、商標保護の必要性が認識され、産業の発展を支えるための法制度として、明治17年に「商標条例」が制定されました。これが商標制度の始まりです。その後、商標制度は国際条約への加盟や社会経済情勢の変化に応じて何度も改正され、現行の商標法に至っています。

本書では、次章以降の説明において、必要に応じて根拠となる主要な商標法の条文も示します。

日本の商標制度を管轄するのは、経済産業省の外局である特許庁です。特許庁は商標の審査や登録業務を行うだけでなく、産業政策の一環として商標制度の普及も積極的に行っています。

行政組織上、特許庁の長である特許庁長官の上司は経済産業大臣です。ただし、商標登録をはじめとする行政処分の多くは特許庁長官の名義で行われます。

商標権は半永久的に維持できる

商標権の大きな特長の一つは、存続期間を更新することで半永久的に維持できる点です。同じ知的財産権である特許権や意匠権、著作権は、いずれも一定期間を経過すると消滅し、保護対象である知的財産（発明、デザイン、著作物）は、公共財産として誰でも自由に利用できるようになります。これは、発明などの創作を促進するとともに、その成果を社会や文化の発展に還元させるための仕組みです。

　これに対し、商標権は10年ごとに何度でも更新が認められています。ブランドに蓄積された消費者の信用は、市場の取引秩序維持の観点からできる限り長く維持されるべきだからです。この点で、商標権は他の知的財産権に比べて強力な権利だと言えます。なお、「永久に」ではなく「半永久的に」という表現を用いる理由は、商標権も更新を怠れば消滅するからです。

　例えば、前述の登録商標「Panasonic」は、1956年に登録されました。それ以降、10年ごとの更新を6度繰り返し、現在も存続しています。

　また、現存する最古の登録商標は、1902年（明治35年）に清酒の商品名と複数の図形の結合商標として登録された「寿海」（登録第001655号）です。商標権者である兵庫県の酒造会社は、このブランドを120年以上にわたり大切に守り育ててきました（**図1-1-3**）。同社の長期的なブランド戦略は、業種や規模を問わず、あらゆる企業の模範となるものです。「寿海」の次の更新予定は2032年となっています。

■図1-1-3　登録第001655号

商品・役務の指定が必要

　商標登録は、商標そのものだけでなく、その商標を使用する商品やサービスを指定して行う必要があります。これを「指定

商品・役務」といいます。「役務」とはサービスのことです。そのため、同じ商標であっても、指定商品・役務が異なれば複数の商標登録が認められることがあります。

　例えば表1-1-4のように、ローマ字の大文字のみで構成される「ＡＳＡＨＩ」という文字商標は、異なる商標権者がそれぞれ異なる指定商品・役務で商標登録をしています。これらの場合、指定商品・役務が類似しないため、同じ商標の登録が認められても消費者の混乱を招くおそれがないと審査で判断されたからです。

■表1-1-4　登録商標「ＡＳＡＨＩ」一覧

商標登録番号	商標権者	指定商品・役務
第0492689号	朝日精工株式会社	軸受　等
第0653285号	旭松食品株式会社	油揚げ　等
第2366802号	朝日シューズ株式会社	カフスボタン　等
第2716481号	渡部工業株式会社	絶縁手袋
第3070925号	株式会社朝日珈琲	珈琲豆の焙煎
第3242276号	旭テクネイオン株式会社	電気工事　等
第5400728号	朝日インテック株式会社	血圧計　等
第5508660号	アサヒ軽金属工業株式会社	なべ類　等
第6010451号	株式会社あさひ	二輪自動車　等
第6783057号	株式会社イツミ	業務用被服プレス機　等

適切な区分選択が商標戦略のカギ

　商標制度では、世の中に存在するあらゆる商品とサービスを、

45のカテゴリーに分類しています。このカテゴリーを「区分」といいます。第 1 類（化学品など）から第34類（たばこなど）までが商品、第35類（広告など）から第45類（冠婚葬祭など）までが役務の区分です。

　商標出願時には、指定商品・役務がどの区分に属しているかを明示します。区分が複数になれば権利範囲は広がるものの、登録費用も比例して増加します。そのため、企業は現在の事業内容や将来の展望を踏まえて、適切な区分を選択する必要があります。

　例えば、「株式会社child island」が「child island」ブランドの商標登録をする場合、指定商品・役務の区分を、商品「化粧品」が属する第 3 類に限定すればコストを抑えられます。しかし、将来的に美容サロンを経営する計画があるなら、役務「美容」が属する第44類を、さらに、他社の商品も扱う化粧品店を経営する計画があるなら、役務「化粧品の小売又は卸売の業務において行われる顧客に対する便益の提供」が属する第35類を追加するのが望ましいでしょう。

　このように、適切な権利範囲を設定することが、商標登録の戦略性を高める重要なカギとなります。

第2節 | 商標登録はなぜ重要か

　前節では、商標登録および商標制度の概要について触れました。

　本節では、企業のブランド構築と商標登録の関係に焦点を当て、商標登録がなぜ重要であるかをさらに深堀りします。

ブランドの構築なくして企業の成長なし

　ブランドの構築は、企業の成長において極めて重要な経営戦略です。ブランドは、企業が提供する価値や顧客からの信用が蓄積された無形資産であり、その価値を高めることで、安定的な成長が実現可能となります。

　企業によるブランド構築の主な目的は、他社の商品・サービスとの差別化を実現することで、市場における過当競争、すなわち過剰な性能競争や不毛な価格競争に巻き込まれるリスクを大幅に低減することにあります。

　図1-2-1は、2022年に政府が発表した「中小企業白書」に掲載されているグラフです。中小企業の経営者に対し、ブランド構築の取組みと、ブランドが取引価格に与える影響について調査した結果を示しています。

　この調査によると、ブランド構築に取り組んでいる企業では、ブランドが取引価格にある程度以上寄与している企業の割合が

■図1-2-1 ブランド構築の取組の有無別に見た、ブランドの取引価格への寄与

資料:(株)東京商工リサーチ「中小企業の経営理念・経営戦略に関するアンケート」

出典）中小企業庁「中小企業白書2022」(https://www.chusho.meti.go.jp/pamflet/hakusyo/index.html)

約56%に達しており、対してブランド構築に取り組んでいない企業ではその割合が約17%にとどまっています。

　この結果は、ブランド構築が取引価格に有意に寄与し、値崩れを防ぐ効果があることを裏付けています。

ブランド価値は商標に宿る

　ブランドが具体的に表現されるのが商標です。企業のブランド価値は、商品名・サービス名・社名のネーミングやロゴマークに蓄積された消費者の信用によって高まります。すなわち、ブランド価値は商標に宿るのです。

　例えば、街中のドラッグストアの化粧品コーナーには様々な化粧水が並んでいます。これらの商品は品質や容量、価格が異

なり、提供するメーカーの規模も知名度も様々であるため、消費者はどれを購入すべきか判断に迷うことがあります。

　その際、消費者は雑誌やインターネットの広告、口コミ、さらには自身の体験を頼りに、最も信用できる「child island」ブランドのロゴマーク（商標）がついた化粧水を手に取り、他の商品よりも多少高価であっても購入を決定します。

　このように企業のブランド価値を体現する商標を、模倣や流用から守るための唯一の法的手段が、商標登録です。商標登録により発生する商標権は、自社の商標を独占使用する権利を半永久的に保証する、極めて強力な知的財産権だからです。

商標登録しない限りリスクは解消されない

　商標登録を行えばブランドは確実に守れます。逆に言えば、自社の商品名・サービス名・社名のネーミングやロゴマークを商標登録せずに放置したままビジネスを続けることは、非常にリスクが高い行為です。

　例えば、「株式会社child island」という社名には、様々な意味が込められています。「child island」という言葉が持つ「こどもの島」というイメージは、同社の商品によって若返る消費者の姿を連想させます。小文字表記は、同社が若く勢いのある成長企業であることを暗示しています。ローマ字表記は、将来の海外市場進出の可能性を予感させます。また、社長の名前（児嶋）にも由来しています。

このように工夫を凝らして命名したブランドも、もし他社が先に商標登録してしまえば、社名変更を余儀なくされることになります。前節で述べた通り、日本の商標制度は先願主義を採用しているため、商標登録をしない限りそのリスクは解消されません。他社に先に取られた商標権は、他社が更新を続ける限り半永久的に存続するからです。

ブランドに対するリスクは際限なく膨らむ

また、株式会社child islandが社名変更せざるを得なくなるリスクは、会社が無名の段階では小さいかもしれませんが、会社が成長しブランド価値が高まるとともに、そのリスクは際限なく膨らみます。そして、ブランドが一定の認知を得た段階で、商標登録をしない企業は、突如として他社から警告書を受け取ることになります。

事業の発展とともにブランド価値が高まる企業にとって、商標登録をしないリスクは致命的とも言えるでしょう。

さらに、他社に先に商標登録されるか否かにかかわらず、「child island」ブランドを模倣する商品が市場に現れた場合、株式会社child islandは商標権がない限り、模倣品を市場から駆逐する手段を持ちません。模倣品の品質が粗悪で、消費者に誤解を与えると、「child island」のブランド価値は損なわれ、売り上げにも大きな影響が出る可能性があります。

このようなリスクを未然に防ぐためにも、商標登録は欠かせ

ません。

　商標登録は企業にとって単なる選択肢ではなく、事業の安定と成長を支える基盤そのものです。ブランドは消費者が企業に寄せる信頼の結晶であり、その価値を守ることは企業経営者の責任です。

　模倣者にブランドを奪われないため、そして市場での信頼を築き続けるために、企業経営者は自社の商品名・サービス名・社名のネーミングやロゴマークの商標登録を、一日も早く行う必要があるのです。

第3節　先使用権では救われない

　前節で、自社ブランドは一日も早く商標登録することが重要であると強調しました。ただし、商標法には未登録商標（商標登録をしていない商標）に対する救済制度も一応存在します。それが商標法第32条に規定する「先使用権」です。

　筆者の経験上、商標法をある程度予習されて来られたクライアントから「自社ブランドは先使用権で守られるから、さらに商標登録する必要はない」という認識を伺うことがよくあります。しかし、その認識は危険です。

　そこで本節では、「先使用権は商標登録に代わりうるのか？」という点について解説します。

先使用権には周知性が必要

　「先使用権」とは、他人が商標権を取得した場合でも、一定の条件を満たしていれば、先に使用していた自分の未登録商標を引き続き使用できる権利をいいます。未登録商標でも長期間使用し続けていれば消費者の信用が蓄積されるため、消費者の混乱を避ける目的で法的保護に値するとされています。

　先使用権が認められるための主な要件は、他人が商標出願する前から、自分が同一または類似する商標を使用しており、その商標が消費者やユーザーなどの間で広く認知されていること

です。これを、「周知性がある」といいます。

周知性の立証は容易ではない

　先使用権を主張したくなるケースは、商標権者から「商標権侵害をしている」と警告され、自社商標の使用停止を要求されたときです。しかし、実際には、先使用権を巡る議論は法廷での争いに発展することが多く、特に商標の周知性を立証するのは容易ではありません。

　具体的には、一定の地理的範囲内で商標を使用している商品・サービスの売上高、販売数、店舗数、広告の内容やメディアの露出など、多くの証拠を示す必要があります。

　周知性の地理的範囲については、全国的な周知までは求められませんが、商品・サービスに応じてケースバイケースで判断されます。

　例えば、餃子の商標「ケンちゃん餃子」は関東地方で、地方新聞の商標「競馬ファン」は関西地方で、炭酸飲料の商標は2つの隣接県での周知性が認められました。一方、ラーメン店の商標は2〜3の隣接市町村での周知性では足りず、先使用権が認められませんでした。

　以上から、先使用権を主張するためには、少なくとも複数の都道府県レベルでの周知性を立証する必要があると考えられます。

商標登録に代わりうるものではない

　このように、先使用権を主張するためのハードルは非常に高いのが現実です。そして、もし先使用権が認められなければ、商標権者より先に使用していた自社商標でも使用できなくなります。また、たとえ先使用権が認められても、自社商標の使用を続ける権利を得るだけで、後発の商標権者による登録商標の使用を排除することはできません。

　そのため、商標の権利トラブルに巻き込まれるリスクを避けるには、やはり、誰よりも先に商標登録をしておくことが最善策です。商標登録をすることで、権利交渉や裁判対応などの負担を回避することができ、経済的にも精神的にも安心が得られます。

　なお、商標権者から（同一商標ではなく）類似商標の使用停止を要求された場合には、先使用権を主張しつつ、すみやかに商標出願を行うことで、特許庁審査で類似商標でないと判断される可能性に賭けることも一つの戦略です。

　いずれにせよ、先使用権は商標登録に代わりうるものではありません。認められるかどうか不確かな先使用権にあとで頼るよりも、今、商標登録を行う方が明らかに賢明です。

第4節　社名の商標登録こそ最優先

　商標法では、「商標」を商品またはサービスに使用される文字や図形などと定義しています。そのため、商標制度に詳しい企業でも、社名の商標登録を商品名やサービス名よりも後回しにしてしまうことが少なくありません。

　また、筆者の経験上、「社名は法務局に登記しているから大丈夫」という誤解も広く見られます。しかし、登記は単に法人格を証明するものに過ぎません。

　「はじめに」で触れたように、成長企業の多くが共通して行っているのが社名の商標登録です。この事実からも、社名の商標登録が企業の成長に欠かせない前提条件であることは明らかです。

　そこで本節では、中小企業・スタートアップにとって、社名の商標登録こそが最優先である理由を説明します。

社名は商標として使用されている

　以下、本書において「社名」には、法人の商号だけでなく個人事業主の屋号も含むものとします。

　そもそも、社名を単に会社の名称として使用するだけであれば、必ずしも商標登録は必要ではありません。しかし、実際には多くの場合、社名は目立つ形で商品に付されるか、サービス

とともに提供されます。

この場合、社名は商品やサービスのブランド、すなわち商標として使用されていることになります。特に、造語などのユニークな社名は消費者に強く印象付けられるため、商標として非常に有効です。

例えば、株式会社child islandは、自社商品である高級化粧水を社名と同じ「child island」ブランドで販売しています。もし、このブランドと同一または類似する商標を、競合他社が先に商標登録した場合、株式会社child islandが引き続き安心して社名を商標として使用するためには、その他社からライセンス（使用許諾）を受けることが必要となります。

しかし、先に商標登録をして合法的に商標権者となったその他社が、使用許諾を与えることはほとんど期待できません。なぜなら、その他社は「child island」のブランド価値に便乗し、これを奪おうとしている可能性があるからです。

その結果、株式会社child islandは、社名を自社商品の商標として使用できなくなるリスクを抱えることになります。無断で使用すれば、商標権者である他社から使用差止と損害賠償を請求される可能性があるからです。

商標として使用しなければよい？

仮に、社名を商標として使用する予定が当面ない場合はどうでしょうか？　それでも、社名の商標登録は行うべきです。

　なぜなら、自社と無関係な他社が、自社名と同一または類似する商標を正当に商標登録した上で、その登録商標を商品やサービスのブランドとして市場で使用すれば、消費者に混乱を与える可能性があるからです。この場合、消費者は、その無関係な他社が自社と組織的・経済的・経営的な関係があると誤認するでしょう。その結果、自社の信用やブランドに大きな影響を及ぼすおそれがあります。

　こうした理由から、「はじめに」で紹介した成長著しいスタートアップや、第1節で紹介した「Panasonic」や「花王」などの大企業は皆、自社の企業ブランドを守るために社名の商標登録を行っているのです。

　さらに、社名の商標登録は一部の成長企業や大企業だけでなく、あらゆる中小企業・スタートアップにとって有益な商標戦略です。実際、日本政府・特許庁は、創業前のスタートアップに対し、特許や意匠登録よりも商標登録を先に行うこと、および商標登録は商品名やサービス名よりも社名を先に行うことを推奨しています[*]。

*特許庁ウェブサイト「IPBASE」(https://ipbase.go.jp/learn/kigyo/index.php)

困ったら社名変更すればよい？

　さらに、筆者の経験上、クライアントである中小企業・スタートアップの経営者から、「もし他社に商標権を取られて権利トラブルになったら社名変更するから、自社名の商標登録は必

要ない」という認識を聞くこともよくあります。

　しかし、この考え方は必ずしも賢明とは言えません。なぜなら、社名変更には、社員の名刺、広告、看板の再作成、取引先や消費者への周知など、会社にとって大変な手間とコストがかかるからです。

　それ以上に問題なのは、これまで社名に蓄積されてきた会社のブランド価値が、社名変更によって白紙に戻ってしまうことです。このため、既存の顧客や市場との信頼関係に悪影響を及ぼす可能性があります。

　さらに、たとえ権利トラブル後に社名変更をしても、過去の権利侵害の事実を帳消しにできるわけではありません。そのため、商標権者から損害賠償請求を受けるリスクを回避することは困難です。

　このように、権利トラブルに起因する不測の社名変更は、会社に甚大なダメージを及ぼします。致命傷となる可能性も少なくありません。

　かつて「松下電器産業」が「パナソニック」に社名変更したケースのように、グローバル化を背景とした確固たるブランド戦略と周到な準備の下で自発的に行ったリブランディングとは、全く意味が異なるのです。

先延ばしに合理的理由はない

　今、社名の商標登録をしておけば、そうした不測のダメージ

を未然に防ぎ、リスクを極力抑えることができます。

　また、商標登録にかかる手間とコストは、社名変更に比べれば格段に低く抑えられます。不測の社名変更にかかるコストが数百万円から数千万円の規模に及ぶことがあるのに対し、商標登録はほとんどの場合、数万円から十数万円で完了します。

　将来、権利トラブルに巻き込まれて望まない社名変更を強いられるのか。それとも今、社名の商標登録を行い、今後は権利トラブルの不安なく安心して事業を展開するのか。経済的にも精神的にも、どちらが賢明かは火を見るよりも明らかです。

　こうした観点から、社名を商標登録することは非常に大きなメリットをもたらします。経営者がこれを先延ばしにする合理的な理由は見当たりません。むしろ、社名の商標登録を怠ることは、経営判断として大きなリスクを抱え込むことになりかねないのです。

　さらに強い表現を用いるならば、株主や従業員から見て、十分に回避できるリスクを放置する行為にも映りかねません。筆者としては、それほどまでに社名の商標登録の重要性は高いと考えています。

第5節 | 最強の知的財産権は商標権

最優先で取得すべき権利とは？

　今日、企業経営において知財戦略が重要であることは論をまちません。「知財戦略」とは、知的財産権の活用による企業の経営戦略をいいます。

　企業が知財戦略において整備すべき主な知的財産権には、商標権のほか、特許権、意匠権、実用新案権、著作権があります。それぞれの保護対象は、商標権がブランド、特許権が発明、意匠権がデザイン、実用新案権が考案（小発明）、著作権が著作物（文章、映像、音楽等）と多岐にわたります。いずれの権利にも独自の持ち味とメリットがあり、独占排他権という強力な特性を備えています。

　それでは、中小企業・スタートアップの知財戦略において、限られた経営資源を投入して最優先で取得すべき知的財産権は何でしょうか？　それはまちがいなく商標権であると、筆者は断言します。なぜなら、商標権こそが、中小企業・スタートアップにとって「最強の知的財産権」であるからです。

　本節では、筆者がそのように考える理由を論証します。

商標権・特許権・意匠権 vs 実用新案権・著作権

　まず、「商標権・特許権・意匠権」と「実用新案権・著作権」とを比較しましょう。商標権・特許権・意匠権は、いずれも特許庁の厳格な審査を経て成立しているため、権利範囲の外縁が明確です。これにより、他人による権利侵害を特定しやすく、したがって排除しやすいという特長があります。

　これに対し、実用新案権は特許庁に出願すれば審査なしに成立します。また、著作権は出願手続すら不要で、作品の創作と同時に自然発生する権利です。この点は一見権利者にとってメリットのようにも思えますが、審査を経ていないため権利範囲が曖昧であるので、権利行使の際に揉めて裁判沙汰となりやすい傾向があります。さらに、著作権は他人が同じような作品を全く偶然に創作した場合、権利行使ができません。

　以上から、商標権・特許権・意匠権は、実用新案権・著作権に比べて、権利者にとって最も重要な機能である権利行使がしやすい、言い換えれば「使い勝手がよい」という点で、より強力な知的財産権であると言えます。

商標権 vs 特許権・意匠権

　次に、商標権と「特許権・意匠権」とを比べると、商標権の方がより強力であると言えます。なぜなら、以下の 4 点において商標権は特許権や意匠権よりも権利者の立場から見て優れて

おり、かつ劣る点がないからです。

　第1に、商標権は新規性が不要であるという点です。

　この点で商標権は特許権や意匠権とは一線を画します。特許権は、その発明が特許出願時点で公に知られたものであってはなりません。つまり、たとえ発明者であっても、出願前に発明を公に実施（生産、使用、譲渡等）してしまった場合、その発明は特許権取得の対象外となります。意匠権も同様に新規性が求められるため、意匠出願時点で公に知られているデザインは意匠権になりません。

　これに対し、商標制度上、新規性は商標権成立の要件ではないため、公になっているブランドも商標権によって保護することが可能です。

　この点で、商標権は特許権や意匠権よりも取得しやすい知的財産権であると言えます。

　第2に、商標権は半永久的に存続するという点です。

　特許権は出願日から20年、意匠権も25年で消滅し、その後は公共財産として誰でも自由に利用できるようになります。

　これに対し、商標権にはそのような制約はなく、登録日から10年ごとに何度でも無審査で更新できます。したがって、商標権者は事実上、半永久的に自社ブランドを独占することが可能です。

　この点で、商標権は特許権や意匠権よりも息の長い知的財産権であると言えます。

　第3に、商標権は水際対策に有効であるという点です。

　日本の税関では、知的財産権侵害品（模倣品）の輸入差止を行っていますが、現実にはその約96％が商標権の侵害品に対する措置です。この数字は、この水際対策が事実上商標権のために機能していることを示しています。これは、商標権侵害の判断が比較的難しくないためです（詳しくは第2章第6節および第5章第4節）。

　この点で、商標権は特許権や意匠権よりも守られやすい知的財産権であると言えます。

　第4に、商標権は安い費用で取得できるという点です。

　商標権とは異なり、特許権を取得するための明細書の作成は弁理士でなければまず無理であるため、多くの場合、特許権の取得には50万円以上を要し、これに毎年の維持コストを加えると総額で100万円以上が必要です。

　これに対し、商標権は数万円から十数万円程度で取得でき、取得すれば10年間維持コストはかからず、10年ごとの更新費用も数万円で収まります。

　特許権も商標権も同じ独占排他権であることを踏まえると、商標権は費用対効果が高く、中小企業・スタートアップにとって非常に経済的な知的財産権であると言えます。

最強の知的財産権は商標権

　以上の点を総合すると、企業が最優先で取得すべき「最強の知的財産権」は、まちがいなく商標権です。

特に、限られたリソースで最大限の効果を上げたい中小企業・スタートアップにとって、商標戦略は欠かせません。自社の商品名・サービス名・社名のネーミングやロゴマークは直ちに商標登録し、最強の知的財産権＝商標権によって確実に保護することが賢明です。

なお、筆者が特許でも意匠でもなく商標専門の道を選んだ理由は、弁理士としての実務経験を積む中で、商標権こそが最強の知的財産権であり、ゆえに日本の中小企業・スタートアップが成長するためのカギは商標戦略にこそある、と確信するに至ったからです。

ビジネスを守る奥義

特許庁が公開する公式動画「商標拳～ビジネスを守る奥義～」は、商標権がいかに強力であるかをわかりやすく面白く解説したものです（**図1-5-1**）。この動画の意図を深読みすると、中小企業の経営において商標戦略が最も重要な位置を占めることを、特許庁も認識していると解釈できます。

■図1-5-1　商標拳

出典）特許庁ウェブサイト「商標拳」
（https://www.jpo.go.jp/introduction/soshiki/design_keiei/shohyoken/index.html）

第6節　商標登録は海外展開の基礎

　日本では急速に人口減少が進んでおり、国内市場の縮小は避けられない状況です。こうした中、中小企業・スタートアップにとって、海外市場進出は重要な生存戦略の一つと言えます。

　海外展開には、商品の輸出や現地生産、現地でのサービス提供など、様々な形態がありますが、その成功には現地での商標登録が不可欠です。そして、その基礎となるのが、日本での商標登録なのです。

　本節では、その理由について説明します。

各国の商標制度は属地主義

　今日、先進国から途上国に至るまで、ほぼすべての国で商標制度が整備されています。これは、商標制度が各国の経済発展を支える重要なインフラの一つであるためです。また、各国の商標制度は、パリ条約や商標法条約といった国際条約を基盤としており、多くの点で共通しています。

　一方で、各国の商標制度は「属地主義」を採用しています。つまり、日本で取得した商標権は日本国内でのみ有効であり、海外では通用しません。このため、海外市場への進出を目指す企業は、進出先の国でその国の商標法に従って商標登録を行い、その国が付与する商標権を取得する必要があります。

模倣品被害は中国に集中

　　海外市場における模倣品被害の発生は、圧倒的に中国に集中

■図1-6-1　国・地域別の模倣品被害発生状況

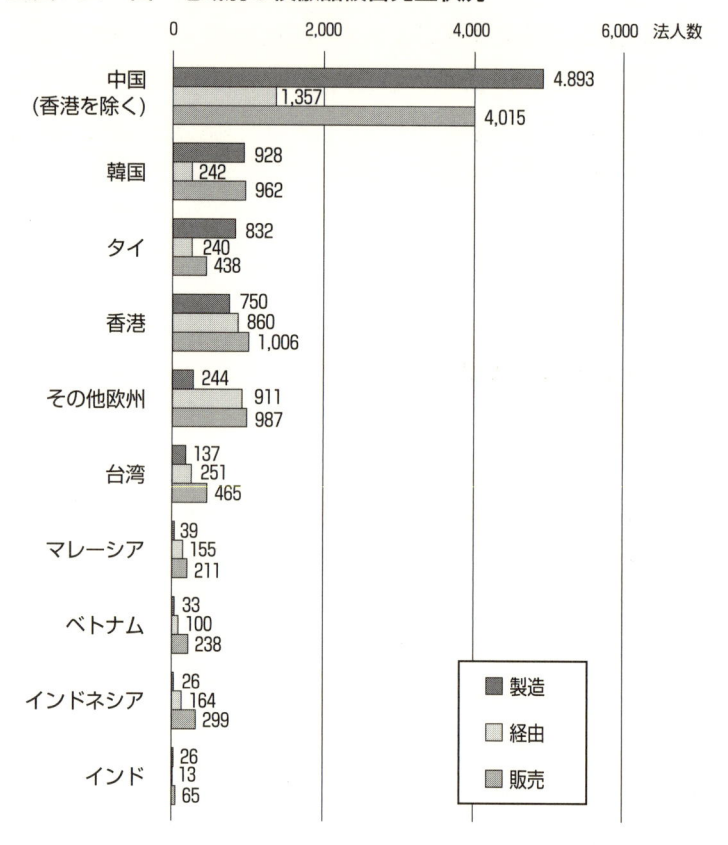

出典）特許庁「2020年度模倣被害実態調査報告書」
（https://www.jpo.go.jp/resources/statistics/mohou_higai/index.html）

しています。**図1-6-1**をご覧ください。特許庁の「2020年度模倣被害実態調査」は、「2019年度において我が国の産業財産権を保有する法人が受けた模倣被害の状況を模倣品の製造国、経由国、販売国に分けてみると、いずれも中国が最多であった」と指摘しています。なお、製造国では、韓国、タイ、香港がこれに続きます。

　したがって、特にこれらの国でビジネスを行う場合は、現地で商品・サービスをリリースする前に商標登録を行うことが絶対条件です。

マドプロ出願には利点が多い

　中小企業・スタートアップが効率的に海外で商標登録を行う方法として、マドリッド協定議定書に基づく国際商標出願が推奨されます。これを、「マドプロ出願」といいます（**図1-6-2**）。マドプロ出願は、日本の特許庁に英語で一度出願するだけで、さまざまな言語を持つ複数の指定国において同時に商標出願をしたとみなされる便利な国際制度です。

　マドプロ出願は、各国の特許庁に直接出願する場合とは異なり、各国語への翻訳が不要で、現地代理人の選定も必要ありません。さらに、出願から1年半以内に審査結果が通知される制度であるため、計画的に海外展開を進めることができます。マドプロ出願にかかる費用は、指定国が1か国だけなら各国特許庁に個別に直接出願する場合とほぼ同じですが、複数国を指定

■図1-6-2　マドプロ出願の仕組み

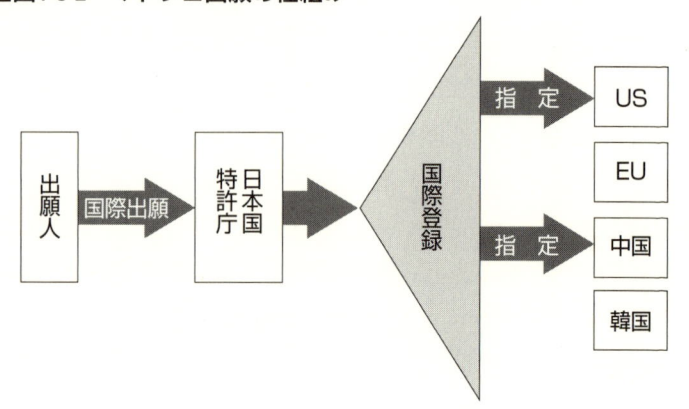

出典）特許庁ウェブサイト（https://www.jpo.go.jp/system/trademark/madrid/seido/madopro_beginner.html）

する場合はむしろ割安になります。

　ただし、マドプロ出願を行うには、日本国内で商標出願または商標登録がなされていることが条件です。これを「基礎出願」または「基礎登録」といいます。マドプロ出願では、基礎出願または基礎登録と同一の商標について、指定商品・役務の範囲内で、商標権を取得したい国を指定して出願します。指定国は後から追加することもできます。

基礎出願より基礎登録の方が安全

　マドプロ出願をするに当たって注意すべきは、国内の商標出願が特許庁の審査で拒絶されて商標登録されなかった場合、これを基礎出願とするマドプロ出願も無効となってしまう点です。

したがって、海外での商標登録が一刻を争うような状況でなければ、費用を無駄にしないよう、まずは国内の商標登録を済ませた後、これを基礎登録としてマドプロ出願をするのが安全・確実です。

また、将来の海外展開を見据える場合、日本での商標登録を和文表記だけでなく、ローマ字表記でも行っておくとよいでしょう。

例えば、前述の通り、株式会社child Islandは創業当初から社名をローマ字で表記し、日本で商標登録しています。同社は今後、登録商標である「child island」ブランドの化粧水を輸出する国をある程度具体化した段階で、これを基礎登録としてマドプロ出願を行うこととしています。

このように、日本での商標登録は、将来の海外展開の基礎としても位置付けられます。マドプロ出願の具体的な手続や費用などについては、第6章第1節で詳述します。

第7節 | 商標マインドの地域間格差

第5節で述べた通り、中小企業・スタートアップが最優先で取り組むべき知財戦略は、商標戦略です。現実に、中小企業は大企業に比べて、特許より商標登録を重視する傾向にあります。しかし、中小企業が商標登録を重視する意識（以下「商標マインド」といいます）は、全国一律ではありません。

本節では、東京と地方の中小企業の間に存在する、深刻な意識格差について警鐘を鳴らしたいと思います。

中小企業は商標戦略を重視している

特許庁の「特許行政年次報告書2024」によれば、2023年における日本国籍を持つ個人及び法人による特許出願件数は約22.9万件、商標出願件数は約12.2万件でした。

これらのうち、特許出願に占める中小企業は約4万件（17.6％）に過ぎなかったのに対し、商標出願では約7.2万件（58.9％）と、中業企業が大企業を大きく上回っています（**図1-7-1**）。

このデータは、中小企業がその知財戦略において、限られた経営資源を商標戦略に集中させている現実を物語っています。

■図1-7-1 特許出願と商標出願における大企業と中小企業の構成

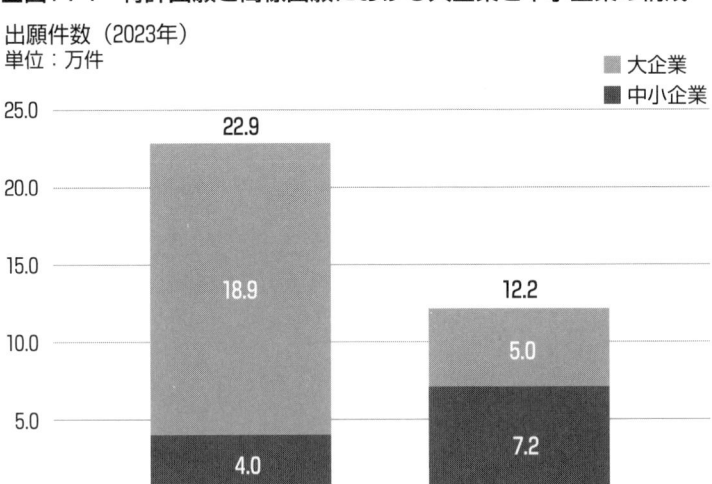

出願件数（2023年）
単位：万件

■ 大企業
■ 中小企業

出典）特許庁「特許行政年次報告書2024」をもとに筆者加工
（https://www.jpo.go.jp/resources/report/nenji/2024/index.html）

東京と地方の深刻な意識格差

　しかしながら、中小企業の商標マインドは必ずしも全国一律ではなく、東京の中小企と地方の中小企業の間には顕著な意識格差があります。そのことを如実に示すのが（**図1-7-2**）です。

　このグラフは、都道府県ごとの中小企業数に対する商標出願を行った中小企業数の割合を示しています。棒グラフの高さは、各地域の中小企業における商標戦略の重視度、すなわち商標マインドの高さを反映しています。

■図1-7-2 都道府県別の中小企業数に対する商標出願中小企業数の割合

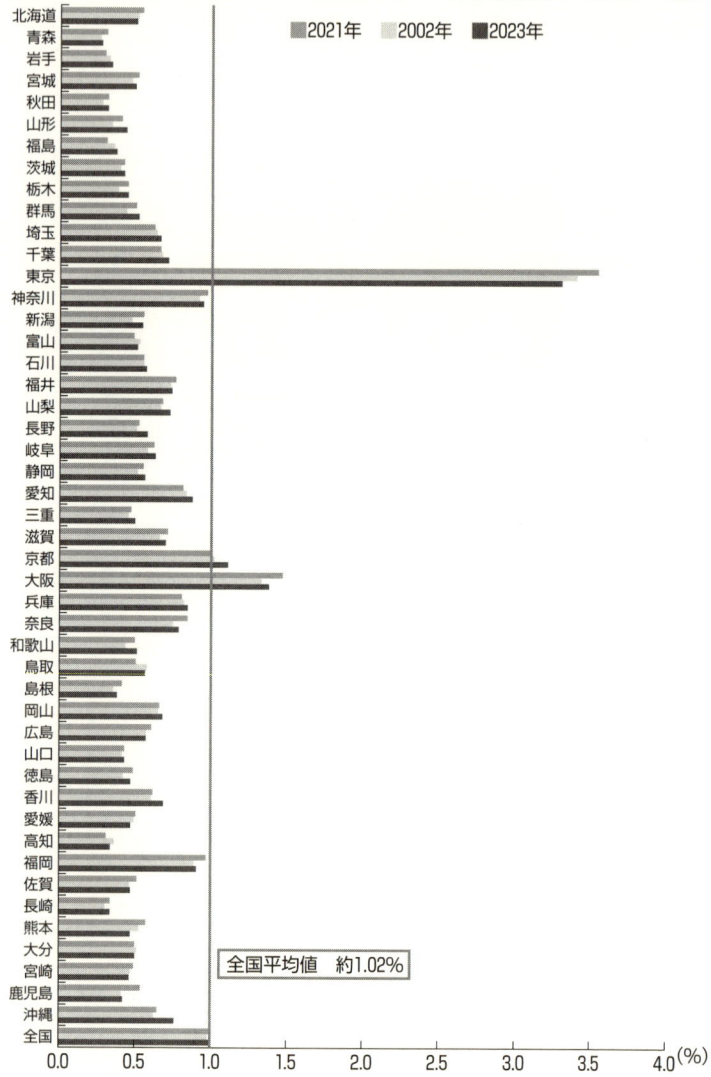

出典）特許庁「特許行政年次報告書2024」（https://www.jpo.go.jp/resources/report/nenji/2024/index.html）

　グラフを見ると、東京の中小企業が突出して他の道府県を大きく引き離していることがわかります。東京の割合は約3.5%であり、これは１年間に中小企業1000社のうち35社程度が商標出願を行っている計算になります。２位の大阪（約1.5%）とは、２倍以上の差があります。

　東京と大阪以外の地域では、神奈川、京都、福岡がかろうじて全国平均に近い水準を保っていますが、それ以外の道府県はすべて全国平均を大きく下回っています。全国平均が約1.02%であることを考慮すると、東京だけが平均を大きく引き上げている構造が読み取れます。

格差はあっても仕方がないのか？

　このような意識格差の要因として、東京は地方よりも企業間の競争が激しく、企業が知財に関する情報に触れやすい環境にあること、また知財の専門家である弁理士が東京に集中していること（全国約１万人のうち、約6000人が東京都内で活動）、特許庁が東京に立地し手続が比較的容易であることなどが考えられます。

　そのため、東京の中小企業の商標マインドだけが突出して高くなるのは、ある意味仕方がないことかもしれません。

　しかし、地方の中小企業にとって「仕方がない」で済ませてよいことはないでしょう。例えば、食と観光を主力産業とし、ブランド保護の重要性をよく理解しているはずの北海道でさえ、

全国平均の半分にあたる0.5％という結果に留まっています。確かに、北海道は隣接する青森や岩手より高い数値を示していますが、地方同士の小さなコップの中の競争に勝って満足していてよいはずはありません。

真のライバルは東京にあり

地方間での比較は決して無意味ではありませんが、最終的には地方全体の商標マインドを底上げし、東京の中小企業と互角に戦える競争力を養う必要があります。なぜなら、商標権の効力は日本全国に及ぶため、東京の中小企業と同じ土俵で競争できる意識を持たなければ、地方の中小企業が全国市場で生き抜くことは難しいからです。

したがって、地方の中小企業は、真のライバルが他の地方の中小企業ではなく東京の中小企業であることをはっきりと意識すべきです。東京の中小企業は、今この瞬間にも地方の企業の何倍もの商標出願を行い、自らのブランドを保護し、競争力を高めています。地方の中小企業は、こうした現状から目を背けず、商標の重要性を認識し、戦略的に商標出願を行う必要があります。

地方の中小企業が東京の中小企業と同じレベルの商標マインドを持つことが、地域経済の発展を通じた日本経済全体の競争力向上につながると筆者は考えます。

なお、地域経済の活性化を商標戦略で実現する方法の一つが、

商標法に設けられた「地域団体商標制度」を活用したローカル戦略の実施です。この戦略については、第6章第2節で詳しく説明します。

第1章のまとめ（商標戦略の基礎をおさえよう）

第1節：商標登録とは

　本書では、商標戦略を「商標登録によってブランド価値を守り育てる戦略」と定義します。「商標登録」は、商標権を得るための法的手続です。「商標権」は、商標を独占排他的に使用することのできる強力な知的財産権です。日本の商標制度は、「商標法」に定められています。商標権は半永久的に存続できます。商標登録は、商品・役務の指定が必要で、適切な区分選択が戦略性のカギです。

第2節：商標登録はなぜ重要か

　ブランドの構築は、企業が成長する上で極めて重要な経営戦略です。ブランドには取引価格に大きく寄与して値崩れを防ぐ効果があります。企業のブランド価値は商標に宿ります。商標を模倣や流用の被害から保護することのできる唯一の法的手段が、商標登録です。商標登録をせずにビジネスを続けることは危険です。そのリスクは会社が成長してブランド価値が高まるほど、際限なく膨らみます。

第3節：先使用権では救われない

　「先使用権」は、他人が商標権を取得した場合でも、先に使用していた未登録商標を使用できる権利です。ただし、

その商標に十分な周知性があることが条件です。裁判において周知性の立証は容易ではなく、少なくとも複数の都道府県レベルでの周知性が必要です。先使用権が認められても、相手の登録商標の使用は止められません。権利トラブルを避けるには、やはり商標登録がベストです。

第4節：社名の商標登録こそ最優先

中小企業・スタートアップは、社名の商標登録を商品名やサービス名よりも優先すべきです。多くの場合、社名は商標として使用されるからです。また、社名を商標として使用しなくても、他社に登録商標を使用されれば消費者の誤認を招くからです。さらに、不測の社名変更は、会社に甚大なダメージを及ぼすからです。経営者が社名の商標登録を怠る合理的理由はありません。

第5節：最強の知的財産権は商標権

中小企業・スタートアップの知財戦略において、最優先に整備すべき知的財産権は商標権です。商標権・特許権・意匠権は、実用新案権・著作権に比べて権利行使がしやすい点でより強力です。そして、商標権は特許権・意匠権に比べて、新規性が不要である点、半永久的に存続する点、水際対策に有効である点、安い費用で取得できる点で優れています。最強の知的財産権は商標権です。

第6節：商標登録は海外展開の基礎

　中小企業・スタートアップによる海外展開には、現地での商標登録が欠かせません。各国の商標制度は「属地主義」を採用しているからです。模倣品被害は圧倒的に中国市場に集中しています。海外で商標登録を行う方法として、一度の出願で複数国に出願したとみなされる「マドプロ出願」が便利です。マドプロ出願は、日本の商標登録を基礎登録として行います。

第7節：商標マインドの地域間格差

　中小企業は、知財戦略において限られた経営資源を商標登録に集中させています。しかし、中小企業の商標マインドは全国一律ではなく、東京と地方の間に深刻な意識格差が存在しています。東京の中小企業は非常に高い商標マインドを持ち、他の地方を引き離しています。地方の中小企業が東京の中小企業と同レベルの商標マインドを持つことが、日本経済全体の競争力向上につながります。

第 2 章

商標登録で得られる 7つのメリット

第1節 ┃ 自社ブランドを独占できる

　第1章では、商標戦略を考える上で中小企業・スタートアップの経営者が最低限おさえておくべき基礎知識について解説しました。

　本章ではさらに、商標登録で得られる具体的な7つのメリットについて詳しく説明します。根拠となる商標法の主な条文を引用しながら、商標登録によって商標権者がどのようなメリットを享受できるのかを解説していきます。

　条文を読むのは少し煩雑かもしれませんが、商標登録のメリットを深く理解するのに役立ちます。時間がない場合は飛ばしても問題ありませんが、可能であれば目を通してください。

独占権によって差別化できる

　商標登録で得られるメリットの第1は、自社ブランドの独占です。

　商標登録を行うことで、登録商標（商標登録されている商標）を、指定商品・役務について使用できるのは商標権者と、そのライセンス（使用許諾）を受けた者だけになります。商標権のこの効力を、「独占権」（または「専用権」）といいます（商標法第25条）。

　この独占権により、自社の商品・サービスを競合他社と明確

に差別化でき、市場におけるブランドのポジションを確立できます。商標の最も基本的なこの機能を、「自他識別機能」といいます。

> 第二十五条　商標権者は、指定商品又は指定役務について登録商標の使用をする権利を専有する。(以下略)

登録商標の使用を独占できる

　登録商標の「使用」とは、指定商品・役務（サービス）について、そのブランドで販売・提供・宣伝などを行うことをいいます（商標法第2条第3項）。

　例えば、化粧品メーカーの株式会社child islandが、自社名であり商品名でもある「child island」を商標登録した場合、このブランドを化粧品の販売、広告や店舗の看板に使用する権利は、株式会社child islandとそのライセンスを受けた者のみが持つことになります。

　なお、下記条文中の「標章」とは、商標として使用される前の文字や図形などをいいます。少しややこしいですが、商標法においては、「商標＝使用された標章」という整理です。

> 第二条　3　この法律で標章について「使用」とは、次に掲げる行為をいう。

> 一　商品又は商品の包装に標章を付する行為
> 二　商品又は商品の包装に標章を付したものを譲渡し、引き渡し、譲渡若しくは引渡しのために展示し、輸出し、輸入し、又は電気通信回線を通じて提供する行為
> 三　役務の提供に当たりその提供を受ける者の利用に供する物（中略）に標章を付する行為
> 四〜七　（省略）
> 八　商品若しくは役務に関する広告、価格表若しくは取引書類に標章を付して展示し、若しくは頒布し、又はこれらを内容とする情報に標章を付して電磁的方法により提供する行為
> 九〜十　（省略）

識別力なき商標は登録されない

　上述の通り、商標の基本的な機能は「自他識別機能」です。

　したがって、この機能を持たない商標、すなわち識別力のない商標は商標登録を受けることできません（商標法第 3 条第 1 項各号）。

　例えば、商品「りんご」について使用する商標「ＡＰＰＬＥ」には識別力がありません。この他、具体的にどのような商標が第 3 条第 1 項各号に該当するのかについては、第 3 章第 1 節「まず識別力をチェックする」で詳しく説明します。

第三条　自己の業務に係る商品又は役務について使用をする商標については、次に掲げる商標を除き、商標登録を受けることができる。

一　その商品又は役務の普通名称を普通に用いられる方法で表示する標章のみからなる商標

二　その商品又は役務について慣用されている商標

三　その商品の産地、販売地、品質、原材料、効能、用途、形状（中略）、生産若しくは使用の方法若しくは時期その他の特徴、数量若しくは価格（中略）を普通に用いられる方法で表示する標章のみからなる商標

四　ありふれた氏又は名称を普通に用いられる方法で表示する標章のみからなる商標

五　極めて簡単で、かつ、ありふれた標章のみからなる商標

六　前各号に掲げるもののほか、需要者が何人かの業務に係る商品又は役務であることを認識することができない商標

独占禁止法には抵触しない

なお念のため、一企業が商標権に基づいて登録商標の使用を独占しても、独占禁止法には違反しません（独占禁止法第21条）。この点について心配する方は少ないとは思いますが、ご安心ください。

> 独占禁止法：第二十一条　この法律の規定は、（中略）商標法による権利の行使と認められる行為にはこれを適用しない。

第2節 | 模倣ブランドを排除できる

　商標登録で得られるメリットの第2は、模倣ブランドの排除です。

　多くの企業にとって、商標登録の最大の目的はこのメリットを得ることにあるといっても過言ではありません。

排他権で無断使用を排除できる

　商標登録を行うことで、登録商標と同一または類似する商標を第三者が無断で使用する場合に、商標権者はこれを排除することができます。相手方に模倣の意図がなく、偶然の一致であっても排除が可能です。商標権のこの強力な効力を、「排他権」といいます（商標法第37条第1号）。

　前節で述べた「独占権」と、この「排他権」を合わせて、商標権の効力を「独占排他権」といいます。商標権は、単なるブランドの占有だけでなく、他者の使用を排除できる点に大きな意義があります。

　第三十七条　次に掲げる行為は、当該商標権（中略）を侵害するものとみなす。

一　指定商品若しくは指定役務についての登録商標に類似する商標の使用又は指定商品若しくは指定役務に類似する商品

> 若しくは役務についての登録商標若しくはこれに類似する商
> 標の使用

排他権の射程範囲は広い

　図2-2-1をご覧ください。商標法第37条第1号の意味すると
ころは、排他権の効力が及ぶ範囲は独占権よりも広いという点
です。

　すなわち、第三者が使用する商標が登録商標と類似し、かつ
商品・役務が指定商品・役務と類似する範囲までが、排他権の
効力が及ぶ範囲です。（○印の範囲）。逆に言えば、商標が同一
でも商品・役務が非類似である場合は、排他権の効力は及びま
せん（×印の範囲）。

　例えば、登録商標が「child island」（指定商品「化粧水」）
である場合、排他権の効力は、類似する商標（例：カタカナ表
記の「チャイルドアイランズ」）が、類似する商品（例：「口紅」）

■図2-2-1

商標権の効力が及ぶ範囲		商品・サービス		
		同一	類似	非類似
商標	同一	○	○	×
	類似	○	○	×
	非類似	×	×	×

出典）特許庁ウェブサイト（https://www.jpo.go.jp/faq/yokuaru/trademark/shouhyou_seido_faq.html#1-5)

について使用される場合にまで及びます。

　しかし、同一商標「child island」が、非類似の商品（例：「自転車」）について使用される場合に、その使用を排除することはできません。消費者の混乱を招くおそれが低いとみなされるからです。

　なお、同一の商標であれば誰でもわかりますが、よく似た商標の場合、どこまでの差異であれば類似商標と判断すべきかは専門家にとっても難しい問題です。商標の類否判断の方法については、第3章第5節「類似商標か否かを判別する」で詳しく説明します。

模倣ブランドの排除は警告書から

　模倣ブランドを排除する際には、まず「貴社は当社の商標権を侵害しているから、商標の使用を停止せよ」という内容の警告書を送付します。

　多くの場合、この警告書で相手が権利侵害を認識し、模倣ブランドの使用を中止することで問題は解決します。商標権の存在そのものが強力な抑止力となるため、企業間の紛争はこの時点で収まることがほとんどです。

　警告書の書き方や発出方法などについては、第5章第2節「警告書で迅速に解決する」で詳しく説明します。

誠意なき模倣者には商標権を行使する

　ただし、相手が商標制度を理解していない場合や、甘く見ている場合には、警告書に応じないこともあります。この場合には、商標権を行使して法的措置をとることになります。

　具体的には、裁判所に使用差止や損害賠償を請求する訴訟を提起します（商標法第36条、民法第709条）。この訴訟を「侵害訴訟」といいます。侵害訴訟では、商標権の存在を立証することで比較的容易に勝訴することが可能です。

　侵害訴訟については、第5章第3節「侵害訴訟で最終決着する」で詳しく説明します。

> 第三十六条　商標権者又は専用使用権者は、自己の商標権又は専用使用権を侵害する者又は侵害するおそれがある者に対し、その侵害の停止又は予防を請求することができる。（以下略）
>
> 民法：第七百九条　故意又は過失によって他人の権利又は法律上保護される利益を侵害した者は、これによって生じた損害を賠償する責任を負う。

商標権侵害は重大犯罪

　以上は民事上の対応ですが、商標法には権利侵害に対する刑

事罰も規定されています。したがって、特に悪質な模倣品業者に対しては、警察に被害届を提出して捜査を依頼することも可能です。

　商標権侵害には、10年以下の懲役及び1000万円以下の罰金が科されます。さらに、組織的な違反行為である場合は、法人に対しても３億円以下の罰金が科されます（商標法第78条、第82条）。このような厳しい刑事罰の存在が、模倣品業者への強力な抑止力となっています。

　模倣ブランド対策における警察との連携については、第５章第４節「税関・警察の力を借りる」で詳しく説明します。

> 第七十八条　商標権又は専用使用権を侵害した者（中略）は、十年以下の懲役若しくは千万円以下の罰金に処し、又はこれを併科する。
>
> 第八十二条　法人の代表者又は法人若しくは人の代理人、使用人その他の従業者が、その法人又は人の業務に関し、次の各号に掲げる規定の違反行為をしたときは、行為者を罰するほか、その法人に対して当該各号で定める罰金刑を、その人に対して各本条の罰金刑を科する。
>
> 一　第七十八条、第七十八条の二又は前条第一項　三億円以下の罰金刑
>
> （以下略）

第3節　将来の不安から解放される

　商標登録で得られるメリットの第 3 は、将来の不安からの解放です。

　商標登録をすることで、自社にとって脅威となる他社の商標登録を未然に封じることができます。なぜなら、登録商標と商標及び商品・役務が同一または類似する商標を他人が後から出願しても、その出願は特許庁の審査において拒絶されるからです（商標法第 4 条第 1 項第11号）。

> 　第四条　次に掲げる商標については、前条の規定にかかわらず、商標登録を受けることができない。
> 　十一　当該商標登録出願の日前の商標登録出願に係る他人の登録商標又はこれに類似する商標であつて、その商標登録に係る指定商品若しくは指定役務（中略）又はこれらに類似する商品若しくは役務について使用をするもの

半永久的かつ絶対的な安心感を得る

　その結果、商標権者は自社ブランドの使用に関して、ある日突然他人から商標権侵害を問われ、商標の使用停止や損害賠償を請求されるという不安から、半永久的に解放されるのです。

　「半永久的に」とは、前述の通り、商標権者が商標権の存続期間を10年ごとに更新し続ける限り永久に、という意味です。更新手続は、商標出願と異なり特許庁の審査を必要とせず、期限内に適切な手続をすれば確実に認められます（商標法第19条）。

　このため、商標権者が10年ごとの更新手続を失念しない限り、半永久的かつ絶対的な安心感の下で自社ブランドを使用し続けることができるのです。この安心感は、商標権を実際に行使するかどうかにかかわらず、企業経営者にとって経済的にも精神的にも非常に大きなメリットと言えるでしょう。

> 第十九条　商標権の存続期間は、設定の登録の日から十年をもって終了する。
> 2　商標権の存続期間は、商標権者の更新登録の申請により更新することができる。（以下略）

実は商標登録を行う最大のメリット

　逆に言えば、自社ブランドを商標登録せずに無防備な状態で放置してビジネスを続けていると、いつか突然、他人から警告書が届いて、ブランドを使用できなくなるという悪夢に永遠にうなされ続けなければならない、ということです。さらに、このリスクは、事業が拡大してブランドが有名になるほど増大します。

　中小企業・スタートアップには、資金繰り、新製品開発、販路開拓といった多くの業務を抱える中で、商標登録の優先度を下げがちな経営者も少なくありません。しかし、商標登録を怠ることは極めて危険です。そのリスクを自覚せず、誤った安心感に浸るのと、正しく認識して対策を講じ、確かな安心を得るのとでは、天と地ほどの差があります。

　筆者の経験上、多くの経営者に見落とされがちですが、この「将来の不安からの解放」という点こそが、実は商標登録を行う最大の目的であり、最大のメリットであると言えます。

第4節　ライセンス料を獲得できる

　商標登録で得られるメリットの第4は、ライセンス料の獲得です。

　商標登録をすることで、商標権者は、他人に対し有償で登録商標のライセンス（使用許諾）を与え、商標権が生み出す収入を得ることが可能になります。これは、不動産のオーナーがテナントに貸し出して家賃収入を得るのと同様に、商標という無形資産を活用したビジネスモデルです。

専用使用権と通常使用権の違い

　商標法には、専用使用権と通常使用権の2つのライセンス方法が定められています（商標法第30条、第31条）。

　このうち、専用使用権は一人の他人に対してのみ設定することができ、専用使用権を与えられた者は登録商標を独占的に使用できます。したがって、商標権者自身も登録商標の使用はできなくなります。これに対し、通常使用権は複数人に対して同時に許諾することができ、商標権者自身も引き続き登録商標の使用ができます。

　商標権者にとって、専用使用権は通常使用権に比べて制限が多いため、一般的に対価を高く設定できます。

> 第三十条　商標権者は、その商標権について専用使用権を設
> 定することができる。（以下略）
> 第三十一条　商標権者は、その商標権について他人に通常使
> 用権を許諾することができる。（以下略）

契約内容は自由に設定できる

ライセンスは私人間の契約関係なので、民法の「契約自由の
原則」により、商標法が定める専用使用権や通常使用権以外の
形態でも契約を結ぶことが可能です。

例えば、商標権者は、通常使用権を一人の他人だけに設定し
て自らも登録商標を使用し続けることも可能です。これを「独
占的通常使用権」といいます。

また、他人による類似商標の使用に対して商標権を行使しな
い旨の契約を有償で結ぶこともできます。さらに、商標権者は、
商標権をまるごと、または指定商品・役務ごとに分割し、その
一部を他人に売却（移転）することも可能です（商標法第24条
の2）。

商標権を全部売却する場合、商標権者は商標権を失うため、
対価はライセンス付与よりも高く設定されるでしょう。

> 第二十四条の二　商標権の移転は、その指定商品又は指定役
> 務が二以上あるときは、指定商品又は指定役務ごとに分割し

| てすることができる。

契約の対価に上限はない

　商標権のライセンス料や売却価格などの対価は、その時点の登録商標のブランド価値を反映した金額になります。

　企業がブランドを世に送り出した当初は無名であり、その価値はほぼゼロに近い状態です。しかし、ブランドを商標登録し将来の不安を解消した状態で登録商標を長期間使用し続けて有名にすればするほど、ブランド価値は際限なく膨らみます。

　その結果、商標権のライセンス料や売却価格も大きく高まる可能性があります。したがって、理論的には対価に上限はありません。

莫大な価値を生むこともある

　このような商標権の特徴が顕著に現れた有名な事例を紹介します。1955年、愛知県でインターホン等を製造する「アイホン株式会社」が、自社の社名であり商品名でもあるカタカナの「アイホン」の4文字を商標登録しました（登録第0460472号）。指定商品は「電話機」です。

　そして、それから半世紀以上が経過した2008年、米国のアップル社が日本で初代iPhoneをリリースしようとしました。し

かし、「iPhone」というブランドは登録商標「アイホン」と商標が類似し指定商品が同一であるため、このままではアイホン社の商標権を侵害してしまいます。そのため、アップル社とアイホン社の間でライセンス契約が交わされ、その結果、アイホン社は現在に至るまで毎年数億円規模の対価を受け続けていると言われています。

アイホン社が社名を商標登録した当時、まさか50年後に商標権の価値がこれほどまでに大化けするとは想像もしていなかったでしょう。これは、商標権がいかに大きな経済的価値を生み出しうるかを示す好例です。

この事例から中小企業が学べる教訓は、第一に、社名を商標登録し、商標権を長期間更新し続けることで、将来的に思いもよらない価値を生む可能性があるということです。そして第二に、商標権侵害に対しては、たとえ相手が世界的な超巨大企業でも臆さず主張すべきである、ということです。

邪（よこしま）な登録はNG

ただし、競争相手に損害を与えることや、高額での権利売却などを目論んでの商標登録は適切とは言えません。例えば、「阪神優勝」の商標登録のケースが挙げられます。この商標はプロ野球球団・阪神タイガースとは無関係の人物によって登録されましたが、2003年のリーグ優勝時に社会問題となりました。

このような商標登録は、かえって自社の信用を損なうだけで

なく、後に無効とされる可能性が高いということは付け加えておきたいと思います（商標法第4条1項第7号、第15号、第19号など）。実際、「阪神優勝」の商標登録も、タイガースが請求した無効審判により無効となりました。

第四条　次に掲げる商標については、前条の規定にかかわらず、商標登録を受けることができない。

七　公の秩序又は善良の風俗を害するおそれがある商標

十五　他人の業務に係る商品又は役務と混同を生ずるおそれがある商標（以下略）

十九　他人の業務に係る商品又は役務を表示するものとして日本国内又は外国における需要者の間に広く認識されている商標と同一又は類似の商標であつて、不正の目的（中略）をもつて使用をするもの（以下略）

第5節 | 商標登録表示を誇示できる

　商標登録を行うことで得られるメリットの第5は、商標登録表示の誇示です。

　商標登録表示とは、登録商標の横に添える「登録商標第○○○○○○号」やRマーク（®）などの表示をいいます。

　商標登録表示は、ブランド価値の向上や模倣抑止を実現する戦略的ツールであり、中小企業・スタートアップが競争力を確保するための簡単で有効な手段です。

商標登録表示がもたらす3つの効果

　商標登録表示は、消費者に対し、そのブランドが登録商標であり法的に保護されていることを明確に伝える役割を果たします。この表示によって、商標権者のブランドへのこだわりや信念が示され、ブランドの信頼性が向上します。

　また、商標登録表示は企業のマーケティング戦略にも活用されます。特に、競争が激しい市場では、商標登録表示が競合他社との差別化を図る重要な手段となります。消費者に「このブランドは正式に登録された商標である」という印象を与えることで、購買意欲を促進する効果が期待できます。

　さらに、商標登録表示は模倣者に対する警告としても機能します。すなわち、模倣行為が法的リスクを伴うことを認識させ、

模倣ブランドの市場流通を未然に抑止する効果が期待できます。特に、模倣品の出現が企業の売上や信用に大きな影響を与える場合、この効果は非常に重要です。

Rマークが広く利用されている

日本国内においては、正式な商標登録表示である「登録商標第〇〇〇〇〇〇号」の使用よりも、実務上はRマーク（®）が広く利用されています。

例えば、登録商標「child island」であれば、「child island®」のように表示されるのが一般的です。

「®」は「Registered trademark」（登録商標）の略であり、正式な商標登録表示に比べてスペースを取らず、視覚的にわかりやすい点が普及の理由と考えられます。特に国際展開を視野に入れる企業にとっては、海外でも通用するRマークが選ばれる傾向にあります。

TMマークにも意味がある

一方、Rマークと同様によく使われるTMマーク（™）は、商標登録表示とはみなされません。そのため、未登録商標に使用しても後述するような刑事罰の対象にはなりません。

未登録商標が「商標出願済み」であることを示したい場合、TMマークを使用することで法的リスクを回避しつつ、その旨

をアピールすることができます。商標制度は先願主義であるため、出願済みであることを示すことにも一定の法的意義があります。

商標権者に与えられた特権

　商標法には、商標権者が商標登録表示をつける努力義務が規定されています（商標法第73条）。この規定により商標登録表示の付与が推奨されているものの、罰則規定はありません。したがって、商標権者が商標登録表示をつけるかどうかは自由です。デザイン上の制約などから、つけない場合も少なくありません。

　しかし、登録商標以外の商標に商標登録表示や紛らわしい表示（Rマークなど）をつけた場合、3年以下の懲役または300万円以下の罰金が科されます（商標法第74条、第80条）。以上から、商標登録表示は商標権者に課せられた義務というよりも、むしろ商標権者に与えられた特権であると言えます。

> 第七十三条　商標権者、専用使用権者又は通常使用権者は、（中略）その商標にその商標が登録商標である旨の表示（以下「商標登録表示」という。）を付するように努めなければならない。
>
> 第七十四条　何人も、次に掲げる行為をしてはならない。
>
> 一　登録商標以外の商標の使用をする場合において、その商

標に商標登録表示又はこれと紛らわしい表示を付する行為（以下略）

第八十条　第七十四条の規定に違反した者は、三年以下の懲役又は三百万円以下の罰金に処する。

このように、商標登録表示は単なる法的表示を超え、ブランド価値の向上、模倣抑止、消費者の信頼向上など、多面的な意義を持つ重要な手段です。

特に競争の激しい市場では、商標登録表示を積極的に活用することが、中小企業・スタートアップが持続的な競争力を確保するための戦略となります。

第6節　模倣品を水際で遮断できる

　商標登録で得られる第6のメリットは、模倣品の水際遮断です。

　税関では、模倣ブランド品が国内市場に流入するのを阻止しています。商標登録をすることで、商標権者はこの恩恵を十分に受けることができます。

知的財産権侵害物品の輸入差止制度

　全国9箇所に設置された税関（函館、東京、横浜、名古屋、大阪、神戸、門司、長崎、沖縄）では、知的財産権を侵害する物品の輸入を取り締まり、これを水際で阻止する制度が整えられています。これを、「知的財産侵害物品の輸入差止制度」といいます。

　財務省の統計によれば、2023年の輸入差止件数は、前年比17.5％増の3万1666件でした。**図2-6-1**はその内訳です。商標権侵害が95.5％を占めているのに対し、著作権侵害が2.7％、意匠権侵害が1.1％、特許権侵害が0.7％でした。

主に商標権侵害対策として機能

　このような割合から、知的財産権侵害物品の輸入差止制度は、

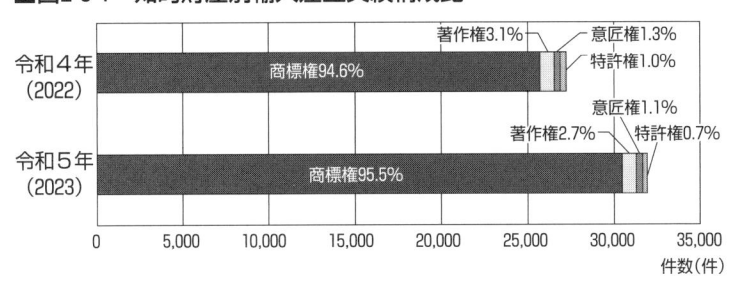

■図2-6-1　知的財産別輸入差止実績構成比

令和4年（2022）　商標権94.6%　著作権3.1%　意匠権1.3%　特許権1.0%

令和5年（2023）　商標権95.5%　著作権2.7%　意匠権1.1%　特許権0.7%

件数（件）

出典）財務省ウェブページ
（https://www.mof.go.jp/policy/customs_tariff/trade/safe_society/chiteki/cy2023/20240308a.html）

事実上、主に商標権侵害対策として有効に機能している制度と言えます。

　その背景として、日々輸入品のチェックをする税関職員が商標権侵害の判断を比較的容易に行えることが考えられます。商標は視覚的特徴が明確であるため、目視で比較的容易に特定できます。これに対し、他の知的財産権の侵害判断にはより高度な専門知識を要するため、取り締まりの難易度が高いのが実情です。

悪質な越境ＥＣ業者にも対応

　この制度の根拠は、関税法第69条の11に定められています。その第9号では、商標権を含む知的財産権を侵害する物品の輸入を禁じています。

　さらに第9号の2は、越境ＥＣ（エレクトリックコマース＝

電子商取引）の拡大に対応するために新設された条文で、2022年10月から施行されています。これにより、商標権および意匠権を侵害する物品に限り、海外事業者からの郵送による個人使用目的の輸入も税関による差止の対象となりました。

知的財産権侵害物品の輸入には、10年以下の懲役または1000万円以下の罰金、またはその両方が科されるという厳しい罰則が設けられています。これにより、模倣品の国内流入が効果的に抑制されていると考えられます。

> 関税法：第六十九条の十一　次に掲げる貨物は、輸入してはならない。
>
> 九　特許権、実用新案権、意匠権、商標権、著作権、著作隣接権、回路配置利用権又は育成者権を侵害する物品（意匠権又は商標権のみを侵害する物品にあつては、次号に掲げる貨物に該当するものを除く。）
>
> 九の二　意匠権又は商標権を侵害する物品（外国から日本国内にある者（中略）に宛てて発送した貨物のうち、持込み行為（中略）に係るものに限る。）

輸入差止の申立ては無料

商標権者は、税関に対し輸入差止をするよう申立てることができます（関税法第69条の13）。この制度は、特許庁への出願

手続などとは異なり、申立手数料が無料である点が大きな特長です。さらに、没収された模倣品の廃棄費用も税関がすべて負担してくれるため、対策資金に限りのある中小企業・スタートアップにとって利用しやすい制度となっています。

> 関税法：第六十九条の十三　（前略）商標権者（中略）は、自己の（中略）商標権（中略）を侵害すると認める貨物に関し、（中略）当該貨物がこの章に定めるところに従い輸入されようとする場合は当該貨物について当該税関長（中略）が認定手続を執るべきことを申し立てることができる。（以下略）

水際対策は最も効果的な手段

　申立が税関に認定されると、侵害物品の輸入差止措置が実施されます。このように、模倣品を国内に持ち込ませない「水際での遮断」は、模倣品取り締まりの中で最も効果的な手段の一つと言えます。国内に流入した模倣品を後から取り締まるのは容易ではなく、多大な時間とコストを要するからです。

　輸入差止申立手続を積極的に活用することで、中小企業・スタートアップは自社のブランド価値を守り、国内市場での競争力を維持することができます。税関への申立手続を効果的に行う方法については、第5章第4節「税関・警察の力を借りる」で詳しく解説します。

第7節 ネットで販路を拡大できる

　商標登録で得られる第7のメリットは、ネットを通じた販路拡大です。

　これは、これまで紹介した6つのメリットのように法律に直接基づくものではありません。しかし、筆者の経験上、この目的のために商標登録を行うクライアントも多くみられます。中小企業・スタートアップにとって特に重要なメリットの一つです。

拡大する電子商取引市場

　ネット通販に代表されるＥＣ（電子商取引）市場は、近年その規模をますます拡大しています。**図2-7-1**は、日本国内における電子商取引市場の規模と内訳を示しています。

　2023年の市場規模は、前年比9.2％増と大幅に成長し、24.8兆円に達しました。そのうち、物販系分野が14.6兆円、サービス分野が7.5兆円を占めています。

　インターネット環境の整備や消費者の購買行動の変化を背景に、ＥＣ市場はさらなる成長拡大が期待されています。

中小企業・スタートアップにとって有力な手段

　ネット通販は、大企業と比べて流通経路が限られる中小企

■図2-7-1　BtoC-EC市場規模の経年推移（単位:億円）

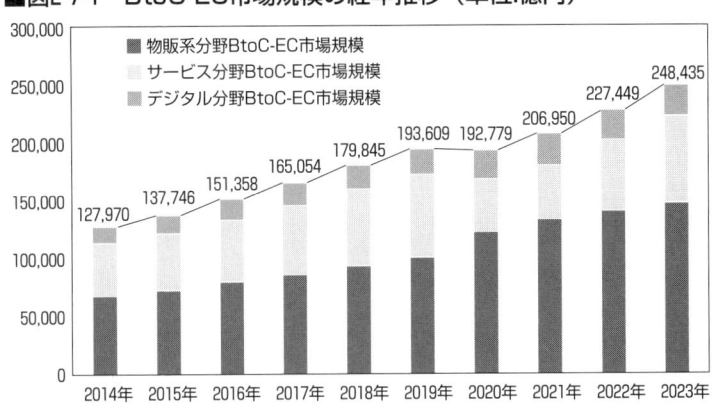

出典）経済産業省ウェブページ（https://www.meti.go.jp/press/2024/09/20240925001/20240925001.html）

業・スタートアップにとって、全国市場へ参入するための有力な手段です。従来であれば、卸売業者や小売業者を通じた複雑な流通経路を確保する必要がありました。しかし、ネット通販を利用すればこうした中間業者を介さずに消費者と直接つながることができます。

　これにより、販売コストの削減や迅速な顧客対応が実現し、事業成長への大きなチャンスが生まれます。

「ブランド登録」は商標登録が条件

　ただし、消費者と直接つながるネット通販において成功を収めるためには、偽ブランド品や模倣品、悪質な転売業者へのきめ細かな対策を、自ら主体的に講じることが欠かせません。競

争の激しいＥＣ市場においてブランドの信頼性が損なわれると、消費者離れや売上減少といった深刻な損失を一気に招く可能性があるからです。

　対策の具体例として、Amazonが提供する「ブランド登録」というサービスがあります。これを利用することで、ブランドオーナー（出品者）は専用ツールを使い権利侵害を監視し、必要に応じてAmazonに報告することができます。さらに一定条件を満たせば、模倣品の出品を自ら削除することも可能です。

　この「ブランド登録」を利用するには、そのブランドが商標登録（または商標出願）されていることが条件となります。

　Amazon以外にも、メルカリ、Yahoo!ショッピング、楽天市場といった主要なネット通販サイトでは、Amazonと同様のブランド保護サービスが提供されています。これらのサービスも商標登録を前提としているため、ネット通販を通じて販路を拡大し競争力を確保する上で、商標登録は不可欠です。

7つのメリットが企業経営にもたらす効果

　以上の7つが、商標登録で得られる主なメリットです。言い換えれば、これらのメリットを一切享受できないことが、商標登録を行わないことのデメリットです。これらのメリットを正しく認識し、活用することで、商標登録は単なる法的保護の枠を超え、企業の成長や競争力向上に直接的に寄与します。

　商標登録で得られるメリットがもたらす効果として、商品・

サービスおよび企業自体のブランド価値が向上し、適正価格での販売が可能となります。その結果、市場シェアの拡大や持続的な収益増加が期待できます。さらに、資金調達やM＆Aなどの重要なビジネス局面においても、商標登録は投資家や金融機関、事業の売却相手などから企業価値の正当な評価を受けるための基盤となります。

　商標登録で得られるメリットを十分に理解し、ブランド価値を効果的に高めている中小企業の事例として、建材などを製造販売する「ビニフレーム工業株式会社」（富山県魚津市、1962年設立）を紹介します。同社では、新製品を開発する際、そのネーミングについて必ず商標登録を行うという方針をとっています。

　2003年には、同社は主力商品である2種類の「手すり」に、「ViewX」と「Forte」という商品名を採用しました。前者はデザイン性、後者は耐久性をイメージさせる登録商標です。商品の特性に応じたブランド戦略をとることで、顧客認知度が向上し、現在では商品名を一言伝えるだけで販促が可能なブランドへと成長しました[*]。

*特許庁「事例から学ぶ商標活用ガイド」（https://www.jpo.go.jp/support/example/trademark_guide2024.html）をもとに筆者加工

　以上で、商標登録がもたらす多様なメリットをご理解いただけたかと思います。

　続く第3章と第4章では、商標登録を実践するための具体的な手順を詳しく解説していきます。

第2章のまとめ（商標登録で得られる7つのメリット）

第1節：自社ブランドを独占できる

　商標登録をすることで、登録商標を使用できるのは商標権者とそのライセンスを受けた者だけになります。これにより、自社の商品・サービスを競合他社から容易に差別化できるようになります。これが、商標の最も基本的な機能である「自他識別機能」です。「使用」とは、そのブランドで販売・提供・宣伝などを行うことをいいます。識別力を持たない商標は商標登録が認められません。

第2節：模倣ブランドを排除できる

　商標登録をすることで、登録商標と同一の商標や類似する商標を同業他社が無断で使用することを排除できます。この効力を「排他権」といいます。排他権の効力は商標と商品・役務の類似範囲まで及びます。模倣ブランドの排除は、まず警告書を送る形で行われます。相手が警告書に応じない場合は、商標権を行使して侵害訴訟を提起し、商標の使用差止や損害賠償を請求できます。

第3節：将来の不安から解放される

　商標登録をすることで、自社ブランドの使用について、突然他人から商標権侵害を問われて使用差止や損害賠償を

請求される不安から、半永久的に解放されます。商標登録しなければ、自社ブランドが使用できなくなる悪夢にうなされ続けなければなりません。将来不安からの解放こそが、実は企業が商標登録を行う最大の目的であり、最大のメリットなのです。

第4節：ライセンス料を獲得できる

商標登録をすることで、他人に対し有償で登録商標のライセンスを与えることによって、商標権が生み出す収入を得ることができます。専用使用権と通常使用権の他、独占的通常使用権などがあり、商標権を他人に売却することも可能です。契約の対価は登録商標のブランド価値を反映し、長期間使用し続けるほど膨らみます。ただし、高額買取などを目論んだ商標登録は適切ではありません。

第5節：商標登録表示を誇示できる

商標登録をすることで、自社ブランドの横に商標登録表示を添えることができます。商標登録表示は、ブランドが登録商標であることを示し、ブランドの信頼性向上などの効果があります。模倣者に対する警告にもなります。実務上はRマークが広く利用されています。虚偽表示には刑事罰が科されるため、商標登録表示は商標権者に与えられた特権であると言えます。

第6節：模倣品を水際で遮断できる

　商標登録をすることで、税関による模倣品の輸入差止制度の恩恵を受けられます。制度上はすべての知的財産権侵害物品を対象としていますが、事実上、主に商標権侵害対策として機能している制度です。商標権侵害物品については、海外からの郵送による個人使用目的の輸入も取締りの対象です。商標権者は、税関に対し輸入差止を無料で申し立てることができます。

第7節：ネットで販路を拡大できる

　商標登録をすることで、ネット通販で販路を拡大できます。国内のＥＣ市場は拡大しており、中小企業・スタートアップが全国市場に参入するための有力な手段です。ただし、偽ブランド品などへの対策が不可欠です。主要な通販サイトには権利保護サービスがあり、商標登録が条件となります。本章で紹介した７つのメリットは、企業の成長や競争力向上に直接的に寄与します。

第 **3** 章

勝負は出願前にほぼ決まる

第1節　まず識別力をチェックする

　本章（第3章）および次章（第4章）では、商標登録に必要な具体的なノウハウについて詳しく解説します。本章では商標出願前の準備段階について、次章では出願後の審査段階について、それぞれ取り上げます。

　また、必要に応じて、架空のスタートアップ「株式会社child island」が、自社の高級化粧水ブランド「child island」の商標登録を行うケースを例として進めていきます。

適切な事前準備が不可欠

　商標登録を行うには、まず特許庁に対して願書を提出する必要があります。この手続を「出願」または「商標出願」（正式には「商標登録出願」）といいます。

　特許庁の審査官は、商標審査基準（以下、「審査基準」）に基づいて願書の内容を精査し、商標登録を認めるかどうかを判断し、出願から約7か月後に最初の審査結果通知（登録査定または拒絶理由通知：第4章第1節）を出願人に送付します。

　特許庁の統計によれば、最初の審査結果通知において、拒絶理由通知を受けることなく登録査定となる出願（いわゆる「一発登録査定」）が約65％に及ぶ一方、拒絶理由通知を受ける出願は約35％となっています（**図3-1-1**）。

■図3-1-1　最初の審査結果の内訳

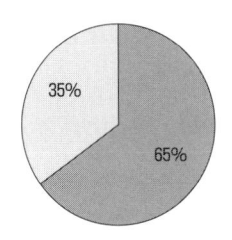

・登録査定
・拒絶理由通知

35%

65%

出典）特許庁「商標出願ってどうやるの？」
（https://www.jpo.go.jp/resources/report/sonota-info/document/panhu/shutugan_shien.pdf）をもとに筆者加工

　さらに、「拒絶理由通知」は不合格を確定するものではなく、適切に対応すれば審査官の判断を覆して登録査定に変えることができるため、最終的には商標出願全体の88％が登録査定となっています。

　拒絶理由通知への対応方法については第4章で詳述しますが、ここで強調したいのは、特許庁の審査に合格するかどうかは出願前の準備でほぼ決まるということです。適切な事前準備を行うことで、審査のリスクを大幅に減らすことができるため、この段階での慎重対応が不可欠です。

事前準備のベストな順序

　願書には、出願人情報のほか、商標登録を受けようとする商標、それが使用される商品・役務とその区分を明記する必要があります（商標法第5条第1項）。

> 第五条　商標登録を受けようとする者は、次に掲げる事項を記載した願書に必要な書面を添付して特許庁長官に提出しなければならない。
> 一　商標登録出願人の氏名又は名称及び住所又は居所
> 二　商標登録を受けようとする商標
> 三　指定商品又は指定役務並びに第六条第二項の政令で定める商品及び役務の区分

　特許庁によれば、拒絶理由通知に示される主な拒絶理由は、「商品・サービスの記載が不明確」「類似する他人の先行登録商標がある」「商標に識別力がない」「広範囲な商品・サービスを指定している」となっています（**表3-1-2**）。

■表3-1-2　拒絶理由通知に示される主な拒絶理由

商品・サービスの記載が不明確	約40%
類似する他人の先行登録商標がある	約35%
商標に識別力がない	約20%
広範囲な商品・サービスを指定している	約20%

出典）特許庁「商標出願ってどうやるの？」

　このような拒絶理由を回避するためには、それぞれの理由に該当しないように事前準備することが重要です。その際、最も手戻りが少なく効率的な事前準備の順序は、**表3-1-3**の通りです。

■表3-1-3

ステップ	行うこと	説明
1	商標に識別力があることを確認する	本節
2	商標に不登録事由がないことを確認する	第2節
3	商品・役務を正しく指定する	第3節
4	先行する登録商標がないことを確認する	第4節 第5節
5	出願する商標の形態を決定する	第6節

識別力なき商標の6類型

それではさっそく、ステップに取りかかりましょう。

商標登録を受けようとする商標の候補が決まった際には、まずその商標に「識別力」があるかを確認する必要があります。「識別力」とは、自社の商品やサービスが他社のものと区別されることを消費者に認識させる力をいいます。

商標法第3条第1項では、識別力が認められない6つの類型が定められています。これらの類型に該当する商標は登録されません。逆に言えば、これらに該当しなければ、その商標には識別力があるとみなされます。ただしその該当判断には、審査官によるグレーゾーンも存在します。

> 第三条　自己の業務に係る商品又は役務について使用をする商標については、次に掲げる商標を除き、商標登録を受けることができる。

一　その商品又は役務の普通名称を普通に用いられる方法で表示する標章のみからなる商標

二　その商品又は役務について慣用されている商標

三　その商品の産地、販売地、品質、原材料、効能、用途、形状（包装の形状を含む。第二十六条第一項第二号及び第三号において同じ。）、生産若しくは使用の方法若しくは時期その他の特徴、数量若しくは価格又はその役務の提供の場所、質、提供の用に供する物、効能、用途、態様、提供の方法若しくは時期その他の特徴、数量若しくは価格を普通に用いられる方法で表示する標章のみからなる商標

四　ありふれた氏又は名称を普通に用いられる方法で表示する標章のみからなる商標

五　極めて簡単で、かつ、ありふれた標章のみからなる商標

六　前各号に掲げるもののほか、需要者が何人かの業務に係る商品又は役務であることを認識することができない商標

1）普通名称

　識別力なき商標の第1類型は、普通名称です。「普通名称」とは、取引の場でその商品または役務の一般的な名称と意識されるに至っているものをいいます。

　例えば、商品「りんご」について使用する商標「りんご」や「リンゴ」「アップル」「APPLE」は普通名称に該当します。ま

た、略称も普通名称に該当することがあります。例えば、商品「スマートフォン」に使用する商標「スマホ」や、役務「損害保険の引受け」に使用する商標「損保」などがこれに該当します。

商標「child island」は、普通名称には該当しません。

この第1類型および後述する第2、第3、第6類型は、その商標を使用する商品・役務との関係で該当性が判断されます。

上記の例でいえば、商品「スマートフォン」に使用する商標「APPLE」には識別力が認められます。「APPLE」はスマートフォンの普通名称ではないからです。

さらに、第1、第3、第4類型は、その商標が「普通に用いられる方法」で表示された場合に限り該当します。

「普通に用いられる方法」とは、取引者が一般的に使用する書体及び構成をいいます。また、普通名称をローマ字やカタカナで表示した場合も「普通に用いられる方法」に該当します。一方、普通名称に一般的な範囲を超えた特殊なレタリングを施した場合、その商標には識別力が認められる可能性があります。

2）慣用商標

識別力なき商標の第2類型は、慣用商標です。「慣用商標」とは、同種類の商品または役務に関して、同業者間で一般的に使用されるようになった結果、識別力を失った商標をいいます。

　例えば、商品「清酒」に使用する商標「正宗」（一説では、「正宗」は「せいしゅ（う）」とも読めるため）や、役務「宿泊施設の提供」に使用する商標「観光ホテル」など、それぞれの業界で永年使われていて一般化しているものが慣用商標に該当します。このような商標を業界の一事業者が独占して使用することは適切ではありません。

　商標「child island」は、慣用商標にも該当しません。

3）記述的商標

　識別力なき商標の第3類型は、記述的商標です。「記述的商標」とは、単に商品の産地、販売地、品質、役務の提供場所や質などを直接的に示す商標をいいます。

　例えば、商品「りんご」に使用する商標「青森」や、商品「シャツ」に使用する商標「特別仕立」、役務「飲食物の提供」に使用する商標「銀座」、役務「医業」に使用する商標「外科」などが該当します。

　商標「child island」は記述的商標にも該当しません。

　記述的商標に該当するかどうかの基準は他の類型に比べて曖昧で、審査官によって判断に差が生じる場合があります。審査基準によれば、商品・役務の特徴を間接的に示す商標は記述的商標に該当しないとされ、直接的な表示か間接的な表示かが個別に判断されるからです。

　例えば、審査基準では、「コクナール」、「とーくべつ」、「早ーい」といった商標が、長音符「ー」を除くと商品や役務の特徴を示す場合、記述的商標に該当するとされています。一方、現実には、指定商品「セメント製品製造用型枠」に使用する商標「コテイラーズ」や指定商品「自転車」に使用する商標「サイクルモビリティ」、指定役務「有価証券の売買」に使用する商標「メイン市場」の登録が認められた例があります。これらの商標は商品・役務の特徴を直接的に表示するものではないと判断されました。

　なお、「記述的商標＋普通名称」という構成の商標、例えば「青森りんご」「新橋レストラン」なども本号に該当するため、原則として登録されません。このような商標が例外的に登録されるためには、長年使用して識別力を持つに至ったことを証明するか（本節で後述）、あるいは地域団体商標として登録するか（第6章第2節）が必要です。

4）ありふれた氏または名称

　識別力なき商標の第4類型は「ありふれた氏または名称」です。「ありふれた氏」とは、同種の氏が多数存在する状態を意味し、「ありふれた名称」とは、「ありふれた氏」に「株式会社」や「商店」などを加えたものをいいます。

　例えば、「山田商店」や「株式会社タナカ」などが該当します。商標「child island」はもちろん該当しません。

　ただ、どの程度ありふれていれば「ありふれた氏」に該当するのかの具体的な基準は特になく、審査官の個別判断に委ねられています。

　最近の例では、「大熊」「Ｉｓｈｉｍａｒｕ」はありふれた氏だとして拒絶されました。一方、「児嶋国際特許事務所」が商標登録を受けていることから、「児嶋」はありふれた氏には該当しないと考えられます。

5）極めて簡単かつありふれた標章

　識別力なき商標の第5類型は「極めて簡単かつありふれた標章」です。

　例えば、かな文字の1字（ア）、ローマ字の2字（AB）、ローマ字1字を表すかな文字（エー）、数字2桁を表すかな文字（トゥエルブ）などはこの類型に該当します。したがって、かな文字2字（アイ）やローマ字3字（ABC）、ローマ字2字を表すかな文字（エービー）などはこの類型には該当しません。とはいえ、このような単純な商標はすでに他社によって登録されている可能性が高い点に注意が必要です。

　商標「child island」はこの類型にも該当しません。

6）その他の識別力なき商標

　識別力なき商標の第6類型は「その他の識別力なき商標」で

す。標語やキャッチフレーズ、経営理念などがこれに該当します。

例えば、「お客様第一」や「まごころサービス」などが挙げられます。とはいえ、「幸せの、チカラに。」が商標登録されている例もあり（登録第6644767号）、その判断は微妙です。したがって、このような商標については、登録される可能性を踏まえて出願を検討する価値があります。

商標「child island」はこの類型にも該当しません。

識別力なき商標が登録される場合

なお、第3、第4および第5類型に該当する商標については、救済規定があります。識別力のない商標が長年にわたり使用されて識別力を持つに至った場合は、商標登録を受けることができるのです（商標法第3条第2項）。

例えば、「夕張メロン」、「余市」、「KAWASAKI」、「堂島ロール」などがこれに該当します。

> 2．前項第三号から第五号までに該当する商標であっても、使用された結果、需要者がそれが何人かの業務に係る商品または役務であることを認識できる場合は、同項の規定にかかわらず商標登録を受けることができる。

ただし、ほとんどの中小企業、特に会社の歴史が浅いスター

トアップにとって、この規定の適用を受けることは至難の業であり、現実的ではないでしょう。審査基準上、全国レベルで有名になるほどの識別力が求められるからです。

その証明のためには、実際に使用された商標に関する使用実績（商品・役務、使用期間、地域、生産量、広告回数など）を裏付ける証拠書類を十分に揃えて、商標出願時または拒絶理由通知を受けた段階で提出する必要があります。

審査結果の完全予測は難しい

以上が、商標の識別力をチェックする方法です。

商標「child island」は、商品「化粧水」の普通名称ではなく、慣用商標でもなく、商品の特徴を直接的に表示する記述的商標でもなく、ありふれた氏でも極めて簡単でもキャッチフレーズなどでもないため、識別力については基準を問題なくクリアしています。

しかしながら、記述的商標やありふれた氏については、識別力の判断がケースバイケースであり、審査官の判断にも幅があります。そのため、出願する商標によっては、審査結果を完全に予測することは困難です。

とはいえ、審査基準や過去の登録例を分析することで、一定の予測をすることは可能です。

出願実験の結果

　そこで、筆者は弁理士業を始めた当初、識別力が認められるかどうかがグレーな商標について、自らの名義で実験的に出願をしてみました。「中小企業を支える弁理士」「知財起点のオープンイノベーション」「児嶋国際特許事務所」の3件です。

　審査の結果、「中小企業を支える弁理士」は、指定役務「知的財産権に関する手続の代理」の記述的商標であるとして拒絶査定を受けました。一方、「知財起点のオープンイノベーション」は商標登録が認められました。指定役務「知的財産権の事業化のための仲介」などを直接的に示すものではないと判断されたためです。

　「児嶋国際特許事務所」は上述の通り、「児嶋」がありふれた氏ではないと判断されて商標登録が認められました。これにより、筆者以外の「児嶋さん」が「児嶋国際特許事務所」を開業することは、たとえ自己の氏であろうとも、商標権者である筆者の許諾がない限りできなくなりました。また、筆者が「児嶋国際特許事務所」の看板を変更するよう他人から要求されるリスクもなくなりました。

　なお、筆者以外の「児嶋さん」が、自己の氏名すなわちフルネームを冠した、例えば「児嶋太郎国際特許事務所」を使用することは、商標法第26条第1項第1号によって可能です（詳しくは第5章第1節）。

> 第二十六条　商標権の効力は、次に掲げる商標（他の商標の一部となつているものを含む。）には、及ばない。
> 一　自己の肖像又は自己の氏名（中略）を普通に用いられる方法で表示する商標

第2節　不登録事由をチェックする

　商標に識別力があることを確認したら、事前準備の第2ステップに進みましょう。

　第2ステップは、「不登録事由がないことを確認する」です。

18類型の不登録事由

　商標法第4条第1項は、識別力がある商標（すなわち第3条の要件を満たした商標）であっても、公益性や私益保護の観点から商標登録を受けることができない商標として、18の類型（第1号から第19号のうち、第13号は欠番）を列挙しています。これらを商標の「不登録事由」といいます。

　以下、第4条第1項の各号について見ていきますが、あらかじめポイントを挙げると、18類型のうち最も重要な不登録事由は第11号です。第11号は「同一または類似する他人の登録商標がある場合は、商標登録が認められない」とするものです。

　前節の**表3-1-2**で見た通り、拒絶理由通知に示される主な拒絶理由は、この11号以外には識別力に関するものと指定商品・役務に関するものです。すなわち、第11号以外の不登録事由が示されることはほとんどありません。

　したがって、最も重要な第11号については、第4節と第5節で詳しく説明します。本節では、それ以外の不登録事由につい

て、簡潔にポイントを整理します。

第1号～第7号（公益を害する商標）

　第1号～第6号は、その商標と同一または類似する商標を使用することにより、既存の権威や信頼を損ない、国際問題などを引き起こすおそれがある商標です。原則として、図形商標または図形と文字の結合商標が対象となります。具体的には、日本の国旗、菊花紋章、外国の国旗、国連や赤十字など国際機関の紋章、日本政府や都道府県を表示する著名なマークなどです。

　第7号は、公序良俗を害するおそれのある商標です。卑猥な内容や差別的な内容を表示する商標が法的な保護を受ける価値がないことは当然でしょう。

　商標「child island」は公益を害するおそれはなく、第1号～第7号のいずれの不登録事由にも該当しません。

　第四条　次に掲げる商標については、前条の規定にかかわらず、商標登録を受けることができない。
　一　国旗、菊花紋章、勲章、褒章又は外国の国旗と同一又は類似の商標
　二　パリ条約（中略）の同盟国、世界貿易機関の加盟国又は商標法条約の締約国の国の紋章その他の記章（中略）であつて、経済産業大臣が指定するものと同一又は類似の商標
　三　国際連合その他の国際機関（中略）を表示する標章であ

つて経済産業大臣が指定するものと同一又は類似の商標（次に掲げるものを除く。）

イ　自己の業務に係る商品若しくは役務を表示するものとして需要者の間に広く認識されている商標又はこれに類似するものであつて、その商品若しくは役務又はこれらに類似する商品若しくは役務について使用をするもの

ロ　国際機関の略称を表示する標章と同一又は類似の標章からなる商標であつて、その国際機関と関係があるとの誤認を生ずるおそれがない商品又は役務について使用をするもの

四　赤十字の標章及び名称等の使用の制限に関する法律（中略）第一条の標章若しくは名称又は武力攻撃事態等における国民の保護のための措置に関する法律（中略）第百五十八条第一項の特殊標章と同一又は類似の商標

五　日本国又はパリ条約の同盟国、世界貿易機関の加盟国若しくは商標法条約の締約国の政府又は地方公共団体の監督用又は証明用の印章又は記号のうち経済産業大臣が指定するものと同一又は類似の標章を有する商標であつて、その印章又は記号が用いられている商品又は役務と同一又は類似の商品又は役務について使用をするもの

六　国若しくは地方公共団体若しくはこれらの機関、公益に関する団体であつて営利を目的としないもの又は公益に関する事業であつて営利を目的としないものを表示する標章であつて著名なものと同一又は類似の商標

七　公の秩序又は善良の風俗を害するおそれがある商標

第8号（他人の氏名を含む商標など）

　第8号は、他人の氏名を含む商標などです。従来、他人の氏名を含む商標については、現存する同姓同名の人全員の承諾が得られなければ商標登録が認められないという、非現実的な審査が行われてきました。

　しかし、主にファッション業界からの要望を受けて、特許庁は第8号の条文を改正し、「商標の使用をする商品または役務の分野において需要者の間に広く認識されている氏名」に限り、登録を制限するようにしました。

　この改正により、著名人でない限り、他人の氏名を含む商標も登録が認められるようになりました。ただし、出願人とその氏名の間に相当の関連性があること、不正目的がないことを審査で説明する必要があります。

　なお、第8号および後述する第10号、第15号、第17号、第19号の該当性は出願時点を基準に判断され、その他の不登録事由は審査後の査定時点が基準となります。

　商標「child island」は、出願時点で同姓同名の著名人が存在しないため、第8号には該当しません。

> 　八　他人の肖像若しくは他人の氏名（商標の使用をする商品又は役務の分野において需要者の間に広く認識されている氏名に限る。）若しくは名称若しくは著名な雅号、芸名若しくは筆名若しくはこれらの著名な略称を含む商標（その他人の

> 承諾を得ているものを除く。）又は他人の氏名を含む商標で
> あつて、政令で定める要件に該当しないもの

第9号～第14号（未登録周知商標など）

　第9号は、博覧会の権威に不正に便乗する商標です。本号の
「博覧会」とは、一定以上の規模で開催される、産業に関する
物品などの公開および展示を行うイベントをいい、博覧会の名
称を冠するものに限らず、例えば、見本市、品評会、コレクシ
ョン、トレードショー、フェア、メッセなどの他の名称を冠し
たものも含みます。

　第10号は、他人の未登録周知商標と同一または類似する商標
です。未登録商標なので、先行商標調査（本章第4節）では捕
捉できません。そこで、商標登録を受けようとする商標を
Google検索して、もし同一または類似する商標が上位に複数
出てくるようであれば出願を再検討すべきです。

　第11号は次節で説明します。また、第13号は欠番です。

　第12号は、他人の登録防護標章と同一の商標です。登録防護
標章については第6章第4節で詳説しますが、登録防護標章は
全国的に著名なブランド（例：「Panasonic」）なので、そのよ
うな商標は出願すべきではありません。

　第14号は、種苗法の品種登録名（例：「シャインマスカット」）
と同一または類似する商標です。

　商標「child island」は、Google検索などにより第9号〜第14号のいずれにも該当しないことが確認されました。

> 九　政府若しくは地方公共団体（中略）が開設する博覧会若しくは政府等以外の者が開設する博覧会であつて特許庁長官の定める基準に適合するもの又は外国でその政府等若しくはその許可を受けた者が開設する国際的な博覧会の賞と同一又は類似の標章を有する商標（以下略）
> 十　他人の業務に係る商品若しくは役務を表示するものとして需要者の間に広く認識されている商標又はこれに類似する商標であつて、その商品若しくは役務又はこれらに類似する商品若しくは役務について使用をするもの
> 十一　当該商標登録出願の日前の商標登録出願に係る他人の登録商標又はこれに類似する商標であつて、その商標登録に係る指定商品若しくは指定役務（中略）又はこれらに類似する商品若しくは役務について使用をするもの
> 十二　他人の登録防護標章（中略）と同一の商標であつて、その防護標章登録に係る指定商品又は指定役務について使用をするもの
> 十三　削除
> 十四　種苗法（中略）第十八条第一項の規定による品種登録を受けた品種の名称と同一又は類似の商標であつて、その品種の種苗又はこれに類似する商品若しくは役務について使用をするもの

第15号（出所混同を生ずる商標）

　第15号は、他人の商品・役務との出所混同を生ずるおそれがある商標です。

　例えば、他人の著名な商標と同一または類似の商標を、非類似の商品・役務に使用した場合、第10号や第11号に該当しなくても、個別具体的な取引の状況によってはこの第15号に該当する可能性があります。

　ただし、第15号の判断は審査官にとっても難しいため、審査段階でこの理由による拒絶は比較的少ないのが実情です。しかし、商標登録後に他人から異議申立（第4章第7節）や無効審判（第4章第4節）を受ける可能性があります。このリスクを軽減するためにも、出願前にGoogle検索などで類似する著名商標がないことを確認することが重要です。

　商標「child island」は、同一または類似の著名な商標が存在しないため、第15号にも該当しません。

> 十五　他人の業務に係る商品又は役務と混同を生ずるおそれがある商標（第十号から前号までに掲げるものを除く。）

第16号～第18号（品質誤認を生ずる商標など）

　第16号は、消費者に品質誤認を生じさせるおそれがある商標

です。例えば、商品「ビール」に使用する商標「○○焼酎」がこれに該当します。なお、この例の「○○」部分に識別力がない場合、商標「○○焼酎」を商品「焼酎」に使用すれば、品質誤認は回避できますが、商標法第3条1項第3号（記述的商標）に該当します。

第17号は、真正な産地を表示しない葡萄酒または蒸留酒の産地表示を含む商標（例：「山梨産ボルドー風ワイン」）です。

第18号は、商品や包装の機能を確保するために不可欠な立体的形状のみからなる商標です。例えば自動車のタイヤの丸い形状に商標権を認めると、商標権者にタイヤの生産・販売の独占を事実上半永久的に許すことになるからです。立体商標については本章第6節で詳述します。

商標「child island」は、品質誤認などを惹起するおそれはなく、葡萄酒等の産地でも立体商標でもないため、第16号〜第18号のいずれにも該当しません。

> 十六　商品の品質又は役務の質の誤認を生ずるおそれがある商標
>
> 十七　日本国のぶどう酒若しくは蒸留酒の産地のうち特許庁長官が指定するものを表示する標章又は世界貿易機関の加盟国のぶどう酒若しくは蒸留酒の産地を表示する標章のうち当該加盟国において当該産地以外の地域を産地とするぶどう酒若しくは蒸留酒について使用をすることが禁止されているものを有する商標であつて、当該産地以外の地域を産地とする

　ぶどう酒又は蒸留酒について使用をするもの

十八　商品等（中略）が当然に備える特徴のうち政令で定めるもののみからなる商標

第19号（不正目的の商標）

　第19号は、他人の周知商標と同一または類似で、不正目的をもって使用する商標です。この「不正目的」の有無については審査段階では審査官にはわからないことが多いため、第15号と同様、この理由で拒絶されることはまずなく、商標登録後に他人からの異議申立や無効審判請求によって商標権を失うことになります。

　「不正目的」と疑われるような商標出願は、たとえ登録されても、異議申立や無効審判で取消されるリスクが高く、最終的に自社の信用を損なう可能性があります。公正なビジネス運営の観点からも、不正の疑いをもたれない商標戦略を心がけることが重要です。

　株式会社child islandに不正目的は毛頭なく、したがって、商標「child island」は第19号にも該当しません。

十九　他人の業務に係る商品又は役務を表示するものとして日本国内又は外国における需要者の間に広く認識されている商標と同一又は類似の商標であつて、不正の目的（不正の利

　　益を得る目的、他人に損害を加える目的その他の不正の目的
　　をいう。以下同じ。）をもつて使用をするもの（前各号に掲
　　げるものを除く。）

　以上が、第11号以外の不登録事由の確認方法です。
　商標「child island」はいずれの不登録事由も問題なくクリ
アしたので、次のステップに進みましょう。

第3節　商品・役務を正しく指定する

　商標に識別力があり、第11号以外の不登録事由がないことを確認したら、事前準備の第3ステップに進みましょう。

　第3ステップは、「商品・役務を正しく指定する」です。

権利範囲を決定する作業

　第1節で述べた通り、商標出願の願書には、指定商品・役務とその区分を記載しなければなりません（商標法第5条第1項第3号）。区分については、第1章で説明したように、すべての商品・役務が45の「類」に区分されています。

　商品・役務の指定は、商標権の権利範囲を決定する重要な作業であり、次のステップである先行商標調査の前提にもなります。適切な指定を行うことで、不要な拒絶理由を回避し、スムーズな登録につなげることができます。

指定商品・役務に関する拒絶理由が最も多い

　第1節で述べた通り、特許庁の統計によると、「商品・役務の指定が不適切」と判断されるケースは全体の約60％を占め、拒絶理由の中で最も多い項目です。具体的には、指定商品・役務の記載が不明確、指定した範囲が広すぎる、区分の記載ミス

などが挙げられます。

　このような拒絶理由を回避するために、多くの指定商品・役務は、通常のビジネスにおいてはあまり聞き慣れないような役所言葉に置き換えて記載する必要があります。

　例えば、経営コンサルタントであれば第35類の「経営の診断又は経営に関する助言」、システム開発であれば第42類の「電子計算機のプログラムの設計・作成又は保守」、レストランであれば第43類の「飲食物の提供」、弁理士業であれば第45類の「工業所有権に関する手続の代理又は鑑定その他の事務」と記載します。

J-PlatPatで区分を調べる

　このような作業を行うために、絶対に参照すべき資料が２つあります。

　１つは、独立行政法人工業所有権情報・研修館（ＩＮＰＩＴ）の「特許情報プラットフォーム」（J-PlatPat）という、知的財産権専用の検索サイトです。

　もう１つは、特許庁の「類似商品・役務審査基準」です。かつての電話帳のような分厚い冊子が4180円で市販されている他、パソコン上なら無料で閲覧可能です。

　以下、商標「child island」の願書に指定商品・役務を正しく記載する手順を見ていきましょう。

　図3-3-1をご覧ください。出願人（株式会社child island）が「child island」ブランドを実際に使用している商品は、自社で製造販売する「化粧水」です。そこでまず、J-PlatPatのトップページの「商標」をクリックした際にその下に現れるプルダウンメニューから、「商品・役務名検索」を選択します。

■**図3-3-1　J-PlatPatトップページ**

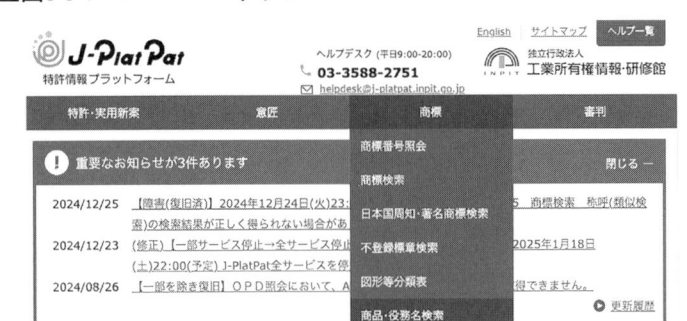

　次に、**図3-3-2**をご覧ください。「商品・役務名検索」画面の「商品・役務名」欄に「化粧水」と入力して検索すると、「化粧水」という言葉を含む関連商品名（肌の保湿化粧水、にきび用化粧水、ひげそり化粧水、など）93件が検索結果に表示されます。

　ここでヒットした商品名は、類似商品・役務審査基準に例示されている商品名、国際条約に基づく国際分類に例示されている商品名、または過去の特許庁審査で認められた商品名のいず

■図3-3-2　「商品・役務名検索」画面

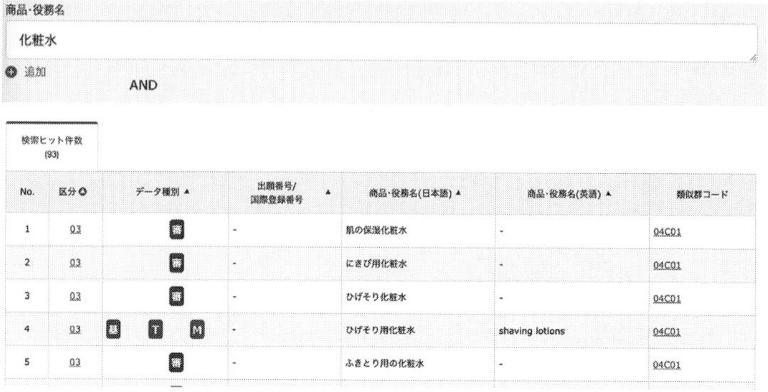

商品・役務名

化粧水

追加

AND

検索ヒット件数
(93)

No.	区分	データ種別	出願番号/国際登録番号	商品・役務名(日本語)	商品・役務名(英語)	類似群コード
1	03		-	肌の保湿化粧水	-	04C01
2	03		-	にきび用化粧水	-	04C01
3	03		-	ひげそり化粧水	-	04C01
4	03	T M	-	ひげそり用化粧水	shaving lotions	04C01
5	03		-	ふきとり用の化粧水	-	04C01

れかです。

　これらの商品名を記載すれば、特許庁から拒絶理由通知が出されることはありません。しかし、ヒットした93件もの商品名をすべて願書に並べるのは手間がかかる以上に、意味がありません。では、どう記載すればよいでしょうか？

　ここで、検索結果表の左から２列目にある「区分」欄を見ると、様々な化粧水はいずれも第３類（03）に属することがわかります。また、一番右の「類似群コード」欄を見ると、すべて「04C01」であることがわかります。類似群コードは、商品・役務の類似関係を審査官が推定するために付与されたコードで、次節の先行商標調査でも用います。

類似商品・役務審査基準で特定する

　化粧水が45カテゴリー中の第３類に属することがわかったところで、次に「類似商品・役務審査基準」を参照します。第３類のページを開くと、数多くの商品名が列挙されています。商品名は類似群コードの昇順に並べられています。そこで、先ほど調べた「04C01」を頼りに化粧品を探していくと、「せっけん類　04A01」や「歯磨き　04B01」の次に、「化粧品　04C01」が現れます。

　図3-3-3をご覧ください。この「化粧品」の下に様々な化粧品（おしろい、化粧水、化粧用クリーム、紅、頭髪用化粧品、香水類、など）が並び、さらに「化粧水」の下にも様々な化粧水（一般化粧水、スキンローション、乳液、など）が並んでい

■図3-3-3　類似商品・役務審査基準

	化粧品	N	cosmetics	04C01	030065
1	**おしろい**	N	**make-up powder**		030147
	紙おしろい		face-powder on paper		
	クリームおしろい		creamy face powder		
	固形おしろい		pressed face powder		
	粉おしろい		loose face powder		
	練りおしろい		pasted face powder		
	水おしろい		liquid foundation [Mizu-oshiroi]		
2	**化粧水**	N	**toilet water**		030092
	一般化粧水		common lotions		
	スキンローション		skin lotions		
	乳液		milky lotions		
	粘液性化粧水		viscous lotions		
	ハンドローション		hand lotions		
	ひげそり用化粧水		shaving lotions		
3	**化粧用クリーム**	N	**cosmetic creams**		030071
	クレンジングクリーム		cleansing creams [cosmetic]		

ます。

短冊レベルでの指定が基本

「類似商品・役務審査基準」で「化粧水」の場所を見つけることができました（なお、ここまでたどり着くのは文章で説明すると面倒に思えますが、慣れれば1分もかかりません）。化粧水の下には、さらに細分化された様々な商品名が例示されています。それでは、出願人である株式会社child islandは、願書にどの商品名を記載すればよいのでしょうか？

正解は、「化粧品」です。「化粧水」と記載する必要はありません。「類似商品・役務審査基準」において、「歯磨き」や「化粧品」を囲んでいる四角い枠を「短冊」といいますが、この短冊レベルの商品・役務を指定すれば、その下位概念の商品・役務も含めて商標権の保護対象となるためです。

上の例では、願書に「化粧品」と記載するだけで、特許庁から「指定商品の記載が不明確」または「範囲が広すぎる」として拒絶されることもなく、様々な化粧水を含むすべての化粧品が登録商標「child island」の権利範囲に含まれます。

細かく指定することもある

このように、短冊レベルよりも細かい商品・役務名を指定することは、その商品・役務が明確に短冊レベルの商品・役務に

含まれる場合には、実務的には意味を持ちません。

　弁理士によっては、将来の国際出願で細かい指定を求める国（例えば米国）の審査に備えるべきだという意見も聞きますが、それはその時点であらためて検討すればよく、国内出願の段階で考慮する必要はありません。

　ただし、実際に多くの商標登録で細かい商品・役務の指定が行われていることを考慮し、筆者もクライアントの不安を解消する目的で細かい指定を行うことはあります。実務的には無意味ですが、実害もないからです。

短冊に含まれなければ作る

　化粧水が化粧品に包含されることは明らかですが、仮に自社ブランドを使用する商品・役務が、短冊レベルの商品・役務に含まれるかどうかが明確でない場合は、特許庁の「商品及び役務の区分解説」を参照できます。この資料もインターネット上に公開されているので、Google検索で閲覧できます。

　その結果、どの短冊レベルの商品・役務にも含まれないと思われる場合は、J-PlatPatの「商品・役務名検索」に戻って、過去の特許庁審査で認められた商品・役務名の中からぴったり合致するものを探します。そして、それでも適当な商品・役務名が見つからない場合は、最後の手段として、過去の特許庁審査で認められた複数の商品・役務名の一部を合成した商品・役務名を新規に作ることになります。

　ただし、出願と同時に早期審査の申請を行う場合は、新規に商品・役務名を作成することは避け、「類似商品・役務審査基準」に例示されている商品・役務名のみを指定することが推奨されます。早期審査申請の条件や方法については、第4章第2節「商標出願を正確に行う」で詳述します。

区分は無闇に増やさない

　商品・役務の指定では、区分数を増やしすぎると費用がかさむ点に注意が必要です。第1章で述べた通り、区分数が増えると権利範囲は広がりますが、それに伴い費用も増加します。特許庁に納付する出願料は3400円＋（8600円×区分数）、登録料は3万2900円×区分数です。

　したがって、資金に余裕のない中小企業・スタートアップは、区分数を無闇に増やさないよう注意を払うべきです。特に、社名の商標登録において会社の業務が多岐にわたる場合、すべての商品・役務を指定すると区分数が膨らみ過ぎる可能性があります。そのような場合は、まずは中核業務に係る商品・役務のみを指定して出願することも一案です。その他の商品・役務については、同じ商標で後日再出願することで追加できます。

　例えば、筆者の経験上、社名の商標登録を検討するクライアントが、会社の定款に定める事業内容をすべてカバーする商品・役務の指定を希望するケースは少なくありません。

　しかし、会社設立時に定める定款には、将来的な事業展開の

自由度を確保するため、将来実際に行うか不確かな事業も含め、できるだけ幅広い事業内容を記載するのが一般的です。したがって、社名の商標登録の際に、定款に記載された事業をすべて指定商品・役務として網羅しようとすると、区分数が10や20に及ぶことも珍しくありません。

　仮に区分数が10の場合、特許庁に支払う出願料は８万9400円、登録料は32万9000円にもなってしまいます。このような場合には、中核事業に係る商品・役務のみを指定することをお勧めしています。

　ちなみに、特許事務所の多くは区分数が増えれば手数料も増える料金体系を採用しています。そのため、不要な区分まで勧められる可能性も否定できません。したがって、もし特許事務所に依頼するなら、区分数にかかわらず一律の料金体系を採用しているかどうかを、事務所選びの判断基準の一つにするとよいでしょう。

同じ区分なら費用は変わらない

　区分数が増えれば費用は増加します。これを逆に言えば、同じ区分内であれば、いくつ商品・役務を指定しても費用は変わらないということです。

　商標法３条１項は、「自己の業務に係る商品又は役務について使用をする商標」は商標登録を受けることができると規定しています。

> **第三条　自己の業務に係る商品又は役務について使用をする商標については、（中略）商標登録を受けることができる。**

　ここでいう「自己の業務に係る商品又は役務について使用をする商標」には、現在使用している商標のみならず、使用する意思があり、近い将来において信用の蓄積があるだろうと推定される商標をも含むと解釈されています。

　したがって、商品・役務の指定に際しては、メインとなる商品・役務と同じ区分内の短冊レベルの商品・役務を、審査において不自然と思われない範囲で、できるだけ多く指定すべきです。こうしても、追加費用がかかることはないからです。「不自然と思われない範囲」とは、出願人のホームページを確認した審査官が「使用する意思」に疑念を抱かない程度、という意味です。

　例えば、商標「child island」の場合、実際に使用している商品は第3類の「化粧品」です。そこで、同じ第3類の中の短冊レベルの商品である「洗濯用柔軟剤」「つけまつ毛用接着剤」「口臭用消臭剤」「せっけん類」「歯磨き」も指定すれば、追加費用なしで権利範囲を広げることができます。

　これらの商品を株式会社child islandが実際には取り扱わなくても問題はありませんし、こうすることで、例えば他社が「child island」と類似するブランドの歯磨きを販売することを排除することが可能となります。商標登録から3年以上経過後に「歯磨き」について不使用取消審判（第5節に後述）を受ける可能

性はありますが、元々取り扱っていない商品について権利を失っても痛手にはなりません。

必要な区分は確実に指定する

上述したように、区分数は無闇に増やすべきではありません。しかし、自社にとって必要不可欠な権利範囲を確保するための区分は、最初の段階で適切に指定することが重要であることは言うまでもありません。商標制度は先願主義、すなわち先に出願した者勝ちだからです。

第1章で説明したように、株式会社child islandは、指定商品・役務の区分を、化粧品が属する第3類のみに限定すればコストを抑えることができます。しかし、例えば将来的に化粧用具も取り扱う具体的な計画があるなら第21類を、美容サロンを経営するなら第44類を、他社ブランド商品も販売するドラッグストアを経営する計画があるなら第35類を、最初からあわせて指定しておくべきです。

以上が、商品・役務の正しい指定方法です。商標「child island」の指定商品が第3類の「化粧品」「洗濯用柔軟剤」「つけまつ毛用接着剤」「口臭用消臭剤」「せっけん類」「歯磨き」に確定したところで、次のステップに進みましょう。

第4節　先行商標調査を効率よく行う

　指定商品・役務が決定したら、第4ステップに進みましょう。第4ステップは、「先行商標調査を効率よく行う」です。

　先行商標調査の目的は、不登録事由の第11号に該当しないこと、すなわち他人の同一または類似する商標が同一または類似する指定商品・役務について先に商標出願または商標登録されていないことを確認することです（商標法第4条第1項第11号）。

> 十一　当該商標登録出願の日前の商標登録出願に係る他人の登録商標又はこれに類似する商標であつて、その商標登録に係る指定商品若しくは指定役務（中略）又はこれらに類似する商品若しくは役務について使用をするもの

J-PlatPatは便利だが不親切

　先行商標調査は、もっぱらJ-PlatPat（特許情報プラットフォーム）を使って行います。J-PlatPatは、独立行政法人工業所有権情報・研修館（INPIT）が提供する無料の検索データベースです。このほかに有料の民間データベースもありますが、大量に商標出願する大企業でもなければ必要ありません。使うのはJ-PlatPatで必要十分です。

　J-PlatPatは便利なツールですが、画面デザインや操作性などのUI（ユーザーインターフェース）がやや不親切なため、慣れていない人には使いづらいと感じられることがあります。下手に触ると、無駄な検索を何度も繰り返した結果、必要な情報を見つけられない可能性もあります。

　しかしご安心ください。本節の説明通りに操作することで、最小限の労力と時間で適切な調査結果を効率よく得ることができます。

称呼を入力する

　以下、商標「child island」について、先行商標調査を効率よく行う手順を説明します。

　商標「child island」の指定商品は、前節で決めた第3類の「化粧品」「洗濯用柔軟剤」「つけまつ毛用接着剤」「口臭用消臭

■図3-4-1　J-PlatPatトップページ

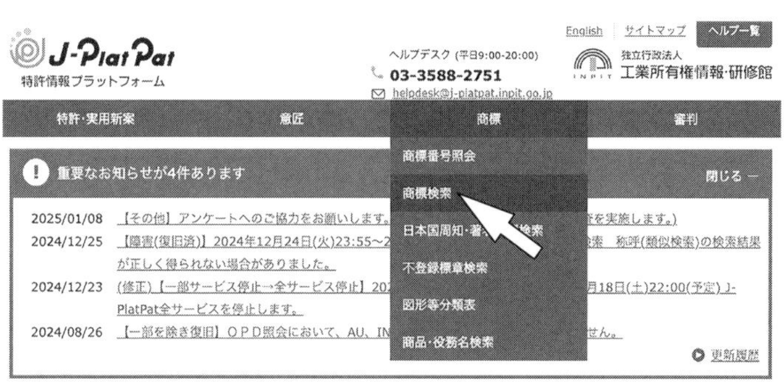

剤」「せっけん類」「歯磨き」です。

　図3-4-1をご覧ください。まず、J-PlatPatのトップページの「商標」のプルダウンメニューから、「商標検索」を選択します。

　次に、**図3-4-2**をご覧ください。「商標検索」の画面で、「商標（マーク）」のコーナーの上から3番目の「称呼（類似検索）」欄に、カタカナで「チャイルドアイランド　チャイルドイスランド」と入力します。その上の「商標（検索用）」と「称呼（単純文字列検索）」は、競合相手が使用している商標が登録済みかどうかを調べるときなどに使いますが、先行商標調査では使いません。

　「称呼」（しょうこ：「呼称」ではありません）とは、その商標を目にした日本人の消費者が自然に発音する読み方をいいます。

　出願人である株式会社child islandは、「チャイルドアイランド」と読まれることを期待していますし、大半の消費者はその

■図3-4-2　「称呼（類似検索）」入力欄

ように読むでしょう。しかし、「island」を文字通り「イスランド」と読んでしまう人も一定数いるかもしれません。その可能性まで考慮して、「チャイルドイスランド」でも念のため検索を行います。

称呼の入力ミスを防ぐ

　称呼を入力する際に注意すべきJ-PlatPatのルールは主に4点です。

　第1に、スペースで分けられた言葉は、どちらか一方が該当すれば検索結果に表示される「ＯＲ検索」となります。したがって、「チャイルドアイランド」と「チャイルドイスランド」は、1字分のスペースで離して入力します。

　また、商標「child island」は「child」と「island」の間にスペースがありますが、その称呼を入力する場合は「チャイルドアイランド」ではなく「チャイルドアイランド」のようにスペースで分けずに入力します。分けて入力すると「チャイルド」と「アイランド」のＯＲ検索になってしまうからです。

　第2に、識別力のない部分を含む商標は、識別力のない部分を分離して、残る部分を入力します。

　例えば、「東京ディズニーランド」「レストラン青空」「極楽干し」の場合、「東京」は指定役務の提供地名（必ずしも事実である必要はありません）であり、「レストラン」は指定役務（飲食物の提供）の普通名称であり、「干し」は指定商品（魚の干

物）の慣用商標であるので、識別力が認められません（第1節）。そこでこれらを分離して、「ディズニーランド」「アオゾラ」「ゴクラク」だけを入力します。

　第3に、アルファベットを1字ずつ読ませる商標の称呼を入力する場合は、長音符「ー」を使用しません。

　例えば「ABCD」であれば、「エービーシーディー」ではなく「エイビイシイデイ」と入力します。これに対し、「WORD」であれば「ワード」です。

　第4に、「ヴ」という発音を含む商標のその部分は、「ブ」に変換して入力します。

　例えば「Village」であれば、「ヴィレッジ」ではなく「ビレッジ」と入力します。

　以上4点を守れば、称呼の入力段階でのミスはほぼ防げます。

類似群コードを入力する

　次に、類似群コードを入力します。前節で説明したように、「類似群コード」とは、審査官が商品・役務の類似を一律に推定するために、商品・役務ごとに割り振られた数字とアルファベットの組み合わせをいいます。二つの商品・役務の類似群コードが一致すれば類似と推定されます。

　図3-4-3をご覧ください。商標「child island」の場合は、下図のように、「類似群コード」欄に、指定商品「化粧品」「洗濯用柔軟剤」「つけまつ毛用接着剤」「口臭用消臭剤」「せっけん

■図3-4-3　「類似群コード」入力欄

類」「歯磨き」のそれぞれに付与された類似群コードを「04C01 01A01 01A02 01B01 04A01 04B01」のように入力します。称呼の入力と同様、１字分のスペースを開けることで、それぞれの類似群コードがOR検索になります。

　なお、類似群コードと称呼の関係はOR検索ではなく、両方に該当すれば検索結果に表示される「AND検索」になります。

検索結果を確認する

　称呼と類似群コードの入力後、画面一番下の「検索」をクリックすると、検索結果が表示されます。

　図3-4-4をご覧ください。商標「child island」の検索結果は０件でした。したがって、現時点で先行する同一または類似す

■図3-4-4　「検索結果一覧」

🔍 検索結果一覧(出願・登録情報)　　　　　　　　　　　　　　　　　▶ ヘルプ

検索ヒット件数
(0)

検索結果は0件でした。検索条件を変更して、再度検索を行ってください。

る出願商標や登録商標が存在しないため、不登録事由の第11号には該当しないことが確認できました。

　商標「child island」については、先行商標調査はこれで無事終了となります。

　ところで、商標「child island」について、もし「類似群コード」欄に類似群コードを入力せずに空欄のまま検索するとどうなるでしょうか？　この場合は、すべての商品・役務を対象とした検索が行われます。

　図3-4-5をご覧ください。検索の結果、登録商標「WILD ISLAND」（第33類：ぶどう酒）および「FIELD ISLAND」（第25類：被服）の2件がヒットしました。それぞれ、称呼は「ワイルドアイランド」と「フィールドアイランド」であり、「チ

■図3-4-5　「検索結果一覧」

検索結果一覧(出願・登録情報)　　　　　　　　　　　　　　　　　　　▶ヘルプ

検索ヒット件数
(2)

検索一覧オプション　　　　　　　　　　　　　　　　　　　　　　　開く　＋

🖶 一覧印刷　　　　　　　　　　　　　　🗗 CSV出力

〈 前頁　　1　頁/1頁を　一覧表示　次頁 〉

No.	出願番号/ 登録番号/ 国際登録番号	商標見本	商標 (検索用)	称呼 基準	称呼 (参考情報)	区分	出願人/ 権利者/ 名義人	出願日/ 国際登録日 (事後指定日)	登録日	ステータス	各種機能
1	登録3204694 (商願平06-01822 7)	WILD ISLAND	WILD I SLAND	08	ワイルドアイ ランド	33	イー　アン ド　ジェイ ガロ　ワイ ネリイ	1994/02/24	1996/09/30	🟤 存続-登録-継 続	🗋 経過情報 🗋 公報表示 🗗 URL
2	登録6402971 (商願2020-10836 3)	FIELD ISLAND	FIELD ISLAND	08	フィールドア イランド,フィ ールド,アイラ ンド	25	有限会社野 島商店	2020/08/20	2021/06/16	🟤 存続-登録-継 続	🗋 経過情報 🗋 公報表示 🗗 URL

ャイルドアイランド」と確かに似ています。

　したがって、仮に商標「child island」の指定商品に付された類似群コードがこれら2件の商標の類似群コードと一致する場合には、商標の類否（類似か非類似か）を判断する必要が発生します。類否判断の方法については、次節（第5節）で詳述します。

図形商標を検索する

　第1章で紹介した「花王の文字＋擬人化した三日月」のような文字と図形の結合商標は、まず図形部分を分離した文字部分の称呼（カオー）を用い、上記のように類似群コードと組み合わせて検索します。

　検索の結果、称呼が同一であれば、図形部分が似ていなくても原則として類似商標と判断されることが一般的です。称呼が同一でない場合は、称呼の類否を含めて、結合商標全体として類似しているかどうかを判断します。

　さらに、文字を分離した図形が特徴的である場合や、図形のみで称呼のない商標の場合は、念のため「図形検索」を行います。図形検索は、J-PlatPatトップページの「商標」のプルダウンメニューから「図形等分類表」を選択します。

　図3-4-6をご覧ください。「図形等分類表」の画面には、「1. 天体、自然現象、地図」「2. 人間」「3. 動物」など50の大分類とさらにその中分類・小分類のコード番号が示されています。

■図3-4-6 「図形等分類表」画面

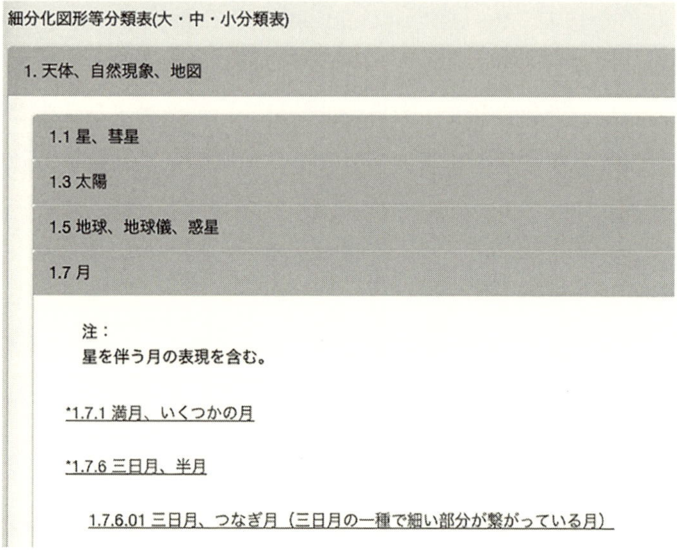

細分化図形等分類表(大・中・小分類表)

1. 天体、自然現象、地図

1.1 星、彗星

1.3 太陽

1.5 地球、地球儀、惑星

1.7 月

注：
星を伴う月の表現を含む。

*1.7.1 満月、いくつかの月

*1.7.6 三日月、半月

1.7.6.01 三日月、つなぎ月（三日月の一種で細い部分が繋がっている月）

例えば「三日月」をモチーフとする場合、「1.7.6」に該当します。さらに、三日月の先端がつながっている場合には、より詳細な分類である「1.7.6.01」を使用して検索できます。

「1.7.6」を検索画面に入力して検索すると、三日月をモチーフとした登録商標が266件ヒットするので、これらを1件ずつチェックして、自社の商標と似ている先行登録商標がないかを探します。

とはいえ、図形商標の類否判断は、文字商標の称呼による類否判断と比較して判断基準がより曖昧なので、たとえ拒絶理由通知を受けても意見書で覆せる余地が大きいと言えます。した

がって、まったく同一か極めて似ていると判断される登録商標がない限り、出願をあきらめる必要はありません。

不登録事由3号・17号を確認する

第2節で説明した不登録事由のうち、第3号（国際機関の標章）と第17号（ぶどう酒の産地）は、経済産業大臣、特許庁長官、または世界貿易機関（WTO）が指定している商標に限定されます。

これらの商標はJ-PlatPatに登録されているので、自社の商標がこれらに該当する可能性が考えられる場合は、念のためチェックを行います。「商標」のプルダウンメニューから「不登録標章検索」を選択して検索を行います。なお、「child island」のような明らかに該当しない商標については、あえてチェックは不要です。

先行商標調査には制約がある

以上が、先行商標調査を効率的に行う方法です。J-PlatPatには他にも様々な機能がありますが、先行商標調査には本節で説明した方法だけで必要十分です。本節で説明した通りに行えば、漏れのない十分な調査を行うことができます。

ただし、先行商標調査で第11号の不登録事由を完全にクリアできるわけではありません。先行商標調査には、主に2つの制

約があるからです。

　第1に、出願された商標がJ-PlatPatのデータベースに載るまでに約1か月のタイムラグがある点です。このため、先行商標調査を行った日の約1か月前よりあとに出願された他人の商標は捕捉できません。

　筆者の経験では、調査で問題がなかった商標を出願したものの、その16日前にまったく同一商標が出願されていたために拒絶されたことがありました。

　第2に、商標の類否を判断するのは出願人ではなく審査官であるという点です。次節で説明するように、類否判断の審査基準には曖昧なところがあり、審査官によって判断に幅が生じることがあり、時には誤った判断が下されることもあります。したがって、先行商標調査の段階で審査官の判断を完全に予測することは不可能です。

　審査官が判断を誤る可能性があることは、異議申立や無効審判（第3章及び第4章で後述）という制度が存在することからも、特許庁自身が想定していると言えます。

　このような制約はありますが、出願前の先行商標調査を適切に行えば、第11号の不登録事由（同一または類似する商標が、同一または類似する商品・役務について商標登録されている）で拒絶されるリスクを大幅に減らせることは確かです。

　次節では、先行商標調査によってよく似た商標が見つかってしまった場合の類否判断や対応方法について詳しく説明します。

第5節　類似商標か否かを判別する

　先行商標調査において、自社が出願しようとする商標とまったく同一の先行商標が見つかった場合、第11号の不登録事由（同一または類似する商標が、同一または類似する商品・役務について商標登録されている）に明らかに該当するので、その商標での出願は原則として断念せざるを得ません。

　しかし、同一ではないものの、よく似ている先行商標が存在する場合、その商標と自社商標が類似しているかを慎重に判別する必要があります。この判別作業を「類否判断」といいます。

　出願人が類否判断を行う目的は、「似てはいるが非類似である」という主張が可能かどうかを見極めることにあります。そのような主張ができれば、その商標で出願し、商標登録を受けることが可能だからです。逆に、主張できなければ、その商標で出願しても商標登録が認められる可能性は極めて低いでしょう。

　本節では、商標の類否判断を高い精度で行う方法について説明します。

類否判断の３要素

　審査基準は、「商標の類否は、出願商標及び引用商標がその外観、称呼または観念等によって需要者に与える印象、記憶、

連想等を総合して全体的に観察し、出願商標を指定商品または指定役務に使用した場合に引用商標と出所混同のおそれがあるか否かにより判断する」と規定しています。

　ここで「出願商標」とは、自社が出願した商標をいい、「引用商標」とは、先行する類似商標であると審査官が考える商標をいいます。また、「需要者」とは、消費者および取引者をいい、「出所混同」とは、商品・役務の製造販売・提供を行う者が別人であるにもかかわらず、同一人であると需要者が誤解することをいいます。

　したがって、商標の類否判断に当たっては、まずは外観、称呼、観念の３つの要素の比較分析を行う必要があります。

　「外観」とは、商標に接する需要者が、視覚を通じて認識する外形をいいます。「称呼」とは、商標に接する需要者が、取引上自然に認識する音をいいます。「観念」とは、商標に接する需要者が、取引上自然に想起する意味をいいます。

　上述の通り、審査基準にはこれら３要素を総合的に考慮して判断する旨が示されています。しかし、実際の審査では、３要素のうちいずれか一つでも類似している場合、拒絶理由通知を受ける可能性が高いのが実情です。

称呼の類否判断が最も重要

　外観、称呼、観念の３要素のうち、審査基準において類否判断基準が比較的具体的に示されているのは、称呼です。

外観については、「商標に接する需要者に強く印象付けられる両外観を比較するとともに、需要者が、視覚を通じて認識する外観の全体的印象が、互いに紛らわしいか否かを考察する」とのみ規定されています。また、観念については、「商標構成中の文字や図形等から、需要者が想起する意味又は意味合いが、互いに概ね同一であるか否かを考察する」とのみ規定されています。

審査基準にはいくつかの例示（「獣の足跡」と「人の足跡」は外観非類似である、「でんでんむし物語」と「かたつむり物語」は観念類似である、など）が添えられてはいますが、このように漠然とした基準では、外観と観念の類否判断は審査官個人の裁量に大きく委ねられていると言えます。

このことはしかし、審査官にとって大胆な類否判断はかえって行いにくいことを意味します。

すなわち、外観であれば、よく見ないと判別できないほど酷似している場合でなければ類似と判断されることはなく、観念であれば、全く同じ意味を持つ言葉の言い換えである場合でなければ、類似とされることはまずなかろうということです。

かつて役人であった筆者が断言しますが、特許庁の審査官も役人である以上、漠然とした基準の下で大胆な判断を行いにくいのは当然の心理と言えます。また、弁理士としての筆者の経験上も、外観または観念の類似を指摘する拒絶理由通知を受けたことはいまだかつて一度もありません。

したがって、出願人としては外観と観念については過度に心

配する必要はありません。これに対し、称呼についてはかなり具体的な判断基準が示されているため、審査官は称呼に9割以上の比重を置いて類否判断を行っていると考えられます。

2音以上相違すれば非類似

　審査基準において、称呼の類否は「比較される両称呼の音質、音量及び音調並びに音節に関する判断要素のそれぞれにおいて、共通し、近似するところがあるか否かを比較するとともに、両商標が称呼され、聴覚されるときに需要者に与える称呼の全体的印象が、互いに紛らわしいか否かを考察する」と規定されるとともに、具体的な考察方法が多数の例示とともに詳細に示されています。

　ただし、審査基準は、類似と非類似の判断方法の説明が複雑に入り組んでおり、そのまま引用しても読者には理解しづらいと考えられます。

　そこで、「似てはいるが非類似である」と主張する立場から、筆者なりに再整理したものを以下に示します。なお、審査基準の原文は、特許庁の専用ウェブサイト（「商標審査基準」で検索*）で、「第4条第1項第11号」をクリックすれば閲覧できます。

＊商標審査基準：https://www.jpo.go.jp/system/laws/rule/guideline/trademark/kijun/index.html

　まず、出願商標と引用商標の音数が2音以上相違している場合は、非類似と判断します。これには、両商標の全体音数が2

音以上相違しているパターン（例：「チャイルドアイ<u>ランド</u>」と「チャイルドアイ」）と、全体音数が同じで構成音が2音以上相違しているパターン（例：「チャイルド<u>ア</u><u>イ</u>ランド」と「チャイク<u>ロア</u>ーランド」）があります。

　なお、音数については、拗音（「キャ」「シャ」「ピョ」など）は2文字で1音と数え、長音・足音・撥音（「ー」「ッ」「ン」）はそれぞれ1音と数える点に注意が必要です。上の例で言えば、「チャイルドアイランド」と「チャイクロアーランド」の全体音数は、ともに9音となります。

1音相違でも非類似と主張できる

　両商標が1音しか相違していない場合は原則として類似と判断されますが、例外的に以下のような場合には、非類似を主張することが可能です。

　第1に、相違する1音が語頭である場合は、非類似と判断します。したがって、前節で見た「<u>チャ</u>イルドアイランド」と「<u>ワ</u>イルドアイランド」は、非類似と主張できます。

　第2に、両商標の全体音数が5音以下である場合は、1音のみの相違でも非類似と判断します。音数が短いほど相違する1音の影響力が重くなるからです。したがって、例えば、「チャ<u>イ</u>ルド」と「チャ<u>ロ</u>ルド」は非類似と主張できます。

　第3に、相違する1音に強めのアクセントが置かれる場合は、非類似と判断します。したがって、例えば、「チャイルド<u>ア</u>イ

ランド」と「チャイルド<u>タ</u>イランド」は非類似と主張できます。

　第 4 に、相違する 1 音が母音であり、互いに近似しない母音（発音時の舌の位置や口の開き具合が大きく異なる母音）である場合、非類似と判断します。具体的には、「イ」と「ウ」、「イ」と「オ」、「エ」と「ウ」、「エ」と「オ」は、それぞれ近似しない母音とされます。したがって、例えば「チャ<u>イ</u>ルドアイランド」と「チャ<u>エ</u>ルドアイランド」は類似ですが、「チャ<u>イ</u>ルドアイランド」と「チャ<u>オ</u>ルドアイランド」は非類似と主張できます。

　第 5 に、相違する音が存在しなくても、称呼の切れ方が異なる場合は、非類似と判断される可能性があります。したがって、例えば商標「child island」と商標「Child-eye Land」の称呼の切れ方は、「チャイルド・アイランド」と「チャイルドアイ・ランド」であるので、非類似と主張することが可能です。

　以上 5 つの例外ケースに該当すれば、たとえ似ている商標との相違が 1 音以下であっても、出願を検討する意義があると言えるでしょう。

　ただし、このような商標を出願すると、審査官によっては「全体的印象が互いに紛らわしい」と判断し、拒絶理由通知を送ってくるかもしれません。しかしその場合は、審査基準の該当箇所を引用しつつ上記の判断を具体的に主張する意見書を提出して反論することで、判断を覆せる可能性が十分あります。

非類似と言えない場合はどうするか？

　商標の類否判断を行った結果、どうしても先行商標との非類似を主張できない場合、その商標で出願しても商標登録が認められる可能性はほぼありません。この場合にとれる対応としては、主に 3 つ考えられます。

　第 1 の対応は、その商標での出願を断念し、新たな別の商標で出願することです。この方法が最も確実な対応であるため、多くの場合、筆者は代替案とあわせてクライアントに第一に提案しています（本章第 7 節）。

　しかし、すでにその商標を自社の商品やサービスに長期間使用してしまっているような場合には、ブランドの変更を決断することは容易ではないでしょう。その場合は、第 2・第 3 の対応を検討することになります。

コンセント制度に頼る

　第 2 の対応は、「コンセント制度」の活用です。「コンセント制度」とは、先行商標の商標権者の承諾を取り付けることができれば、商標登録を受けることができる制度をいいます。2023 年の商標法改正によって新たに導入された制度です（商標法第 4 条第 4 項）。政府は、この制度によって日本企業のブランド選択の幅が広がることを期待しているようです。

　とはいえ、先行商標権者の同意を取り付けることは、多くの

場合簡単ではないでしょう。商標権者は自己のブランドを独占し類似商標を排除する目的のために費用を投じて商標登録を行ったはずだからです。

> 4　第一項第十一号に該当する商標であつても、その商標登録出願人が、商標登録を受けることについて同号の他人の承諾を得ており、かつ、当該商標の使用をする商品又は役務と同号の他人の登録商標に係る商標権者、専用使用権者又は通常使用権者の業務に係る商品又は役務との間で混同を生ずるおそれがないものについては、同号の規定は、適用しない。

不使用取消審判を請求する

　第3の対応は、「不使用取消審判」の請求です。「不使用取消審判」とは、登録商標が3年以上使用されていない場合に、その登録を取り消すことができる制度です（商標法第50条第1項）。

　審判請求のタイミングは、先行商標が自社商標と同一であれば出願と同時でよいですが、類似商標であれば拒絶理由通知を受けた後が適当です。審査官が類似商標と判断せず、拒絶理由通知を出さない可能性もゼロではないからです。

　とはいえ、先行商標の不使用を確認することは現実には難しく、過去3年以内に広告などで使用していたことを商標権者が証明すれば、商標登録は取り消されません（同条第2項）。さ

らに、審判請求によって商標権者がこちらの商標の存在に気づき、または反感を持ち、差止請求という反撃に出るリスクもあります。

> 第五十条　継続して三年以上日本国内において商標権者、専用使用権者又は通常使用権者のいずれもが各指定商品又は指定役務についての登録商標の使用をしていないときは、何人も、その指定商品又は指定役務に係る商標登録を取り消すことについて審判を請求することができる。
>
> 2　前項の審判の請求があつた場合においては、その審判の請求の登録前三年以内に日本国内において商標権者、専用使用権者又は通常使用権者のいずれかがその請求に係る指定商品又は指定役務のいずれかについての登録商標の使用をしていることを被請求人が証明しない限り、商標権者は、その指定商品又は指定役務に係る商標登録の取消しを免れない。（以下略）

使用開始前の先行商標調査が理想

　以上のように、いずれの対応にも難しさやリスクがあり、費用もかかります。このような事態を回避するためには、その商標を自社の商品やサービスに使用する前の検討段階で、第1節から本節までに説明した事前準備を確実に行うことが重要です。

商標の使用前であれば、新たな商標を選定するという第1の対応をスムーズに進めることができるからです。

　文章で説明すると長くなるため、事前準備は一見大変そうに思えるかもしれませんが、慣れれば1件あたり10分程度で完了できる程度の作業です。そのため、複数の候補を事前準備の手順に従って検討し、先行商標調査をクリアした候補の中から最適な商標について出願・登録を行った上で、使用を開始するのが理想的です。

　次節では、事前準備の最終ステップとして、出願商標の形態を決定する方法について解説します。

第6節　出願商標の形態を決定する

　ここまで、事前準備のステップ1から4までを説明してきました。本節では、ステップ5を説明します。

　ここでは、識別力があり、不登録事由がなく、先行商標とも類似しない商標について、最終的にどの形態で出願するかを決定します。

出願商標のバリエーション

　表3-6-1をご覧ください。出願商標の形態としては、標準文字、ロゴ、マーク、ロゴマークの4つのバリエーションが一般的です。

　「標準文字」とは、特許庁が指定する明朝体に似たありふれた書体をいいます（ローマ字は全角で表されます）。「ロゴ」とは、自社の商品やサービスに実際に使用するために特定の書体でデザインされた文字をいいます。「マーク」とは、文字を含まない図形をいいます。文字を含まないため、原則として称呼は発生しません。「ロゴマーク」とは、ロゴとマークの結合商標をいいます。

　なお、人によっては「ロゴマーク」も「ロゴ」と言う場合もありますが、本書では上記の定義で進めます。

■表3-6-1 商標のバリエーション

商標の形態	例
1．標準文字（特許庁指定の書体）	child island
2．ロゴ（実際に使用する書体）	*child island*
3．マーク（文字を含まない図形）	
4．ロゴマーク（ロゴとマークの結合）	*child island*

考慮すべき4つの要素

　それでは、上記4形態のうちどの商標で出願するのが適切でしょうか？　または、すべてのバリエーションで出願すべきでしょうか？

　商標出願に際して考慮すべき要素は、主に4点です。

　第1は、費用面です。すべてのバリエーションで出願すれば、最強の権利が確実に得られます。しかし、1つの願書には1つ

の商標しか記載できません。これを、「一商標一出願の原則」といい、手続を簡素化し、審査を円滑に進め、権利範囲を明確にするためのルールです（商標法第6条第1項）。

> 第六条　商標登録出願は、商標の使用をする一又は二以上の商品又は役務を指定して、商標ごとにしなければならない。

したがって、もし4件の商標を出願すれば、費用は1件の出願の4倍かかります。それでも、潤沢な資金を知財戦略に投じることができる大企業は、基本的にすべてのバリエーションで商標登録を受けているのが実情です。

しかし、予算に制約のある多くの中小企業・スタートアップにとって、大企業のような対応をとることは現実的ではありません。費用と効果を考慮して、出願商標を厳選する努力をすべきです。

第2は、排他権（禁止権）です。第2章第2節で説明したように、商標権の「排他権」とは、同一または類似する商品・役務について使用する同一または類似する他人の商標を排除することができる権利です。多くの企業が商標登録をする最大の目的が、排他権によって模倣ブランドを排除することにあります。

同じ称呼を発する登録商標であれば、排他権が及ぶ範囲（すなわち類似商標の範囲）はほぼ同じです。

例えば、先に示した例では、標準文字もロゴもロゴマークも、いずれも称呼は「チャイルドアイランド」及び「チャイルドイ

スランド」なので、どの商標で商標登録しても、排他権が及ぶ範囲はほぼ同じです。ただし、ロゴマークの排他権は、標準文字やロゴよりも若干広く主張できる可能性があります。

　例えば、**図3-6-2**の右のような模倣商標が現れた場合、標準文字とロゴの商標登録では模倣商標の称呼（チクロアーランド）が2音以上異なり非類似なので、排除することは困難です。しかし、左のようなロゴマークで商標登録していれば、全体的印象が類似していると主張して排除できる可能性があります。

■図3-6-2　ロゴマークの類似例

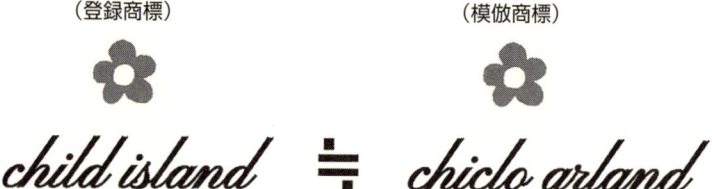

　第3は、独占権（専用権）です。第2章第4節及び同第5節で説明したように、Rマークをつけたり、他人にライセンスを与えたりできる対象は、登録商標に限られます。類似商標は含まれません。また、同第6節で説明したように、Amazonなどのネット通販サイトで保護を受けられるのも登録商標に限られます。

　したがって、例えばロゴマークだけで出願・登録した場合、Rマークをつけることができ、ライセンスを与えることができ、

ネット通販で保護を受けることができる対象は、ロゴマークのみとなります。

第4は、マドプロ出願です。第1章第6節で説明したように、マドプロ出願をするためには、国内で出願または登録されている自社の商標を基礎とする必要があります。

したがって、例えばカタカナ表記の「チャイルドアイランド」で商標登録した場合、マドプロ出願できるのは登録商標と同一の「チャイルドアイランド」に限られます。

どの商標で出願すべきかを判断する基準

以上の考慮要素を踏まえ、どの商標で出願すべきかについて筆者が考える判断基準を以下に示します。

第1に、ロゴまたはロゴマークが未定の場合は、取り急ぎ標準文字で出願することをお勧めします。

商標登録制度は先願主義を採用しており、1日でも早く出願することが重要です。したがって、ロゴやロゴマークが完成するのを待つのは得策ではありません。

第2に、ロゴまたはロゴマークがすでに存在するが、今後デザインや書体などを変更する可能性が高い場合も、標準文字で出願することをお勧めします。

ロゴやロゴマークで商標登録した後でデザインや書体を変更した場合、その変更の程度によっては新たなロゴやロゴマークは「登録商標の使用」とは認められず、不使用取消審判で取り

消されるリスクがあるからです。

　第3に、ロゴまたはロゴマークがすでに存在し、今後も変更せず使用し続ける予定である場合は、ロゴマークで出願することをお勧めします。

　これは、標準文字・ロゴ・ロゴマーク間で称呼が同一である上、上述のようにロゴマークの排他権の適用範囲が若干広いからです。また、商標制度の目的である「出所混同を防止し、取引秩序を維持する」という観点からも、実際に商品やサービスについて使用される商標を保護すべきです。

　第4に、Rマークを幅広く使用したい場合（例：商品パッケージだけでなく、ホームページや広告の文中で「child island®」と記載したい場合）は、標準文字とロゴマークで出願することをお勧めします。

　第5に、ロゴまたはロゴマークの書体が消費者にとって読みにくいほど特徴的である場合も、標準文字とロゴマークでの出願をお勧めします。

　著しく読みにくいロゴやロゴマークでは、標準文字と同じ称呼が発生しない可能性があるからです。

　第6に、将来の海外展開を視野に入れる場合は、文字商標は和文字よりもローマ字で出願することをお勧めします。

　マドプロ出願の基礎として国内の出願商標または登録商標が必要だからです。

　第7に、マーク単体で使用する可能性があり、そのデザインが特徴的である場合は、マーク単体でも出願することをお勧め

します。

なお、自社の登録商標と色彩だけが異なる商標は、登録商標とみなされます（商標法第70条第1項）。このような商標を、「色違い類似商標」といいます。例えば、「child island」のロゴマークで花の部分を青色で登録した場合、同じ形状で赤い花のロゴマークも独占的に使用できます。したがって、色違い類似商標を個別に出願・登録する必要はありません。

> 第七十条　第二十五条（中略）における「登録商標」には、その登録商標に類似する商標であつて、色彩を登録商標と同一にするものとすれば登録商標と同一の商標であると認められるものを含むものとする。

自社の状況に応じて選択する

以上は一応の基準であり、実際には個別具体的に判断する必要があります。

例えば、ロゴマークの図形と文字の距離が商標の一体性の範囲を超えて離れている場合は、ロゴマークではなく、ロゴとマークの2件で出願するのが適切です。

また、ロゴやロゴマークの文字部分が独特な書体や装飾によってどの程度読みにくいか（その文字から通常の称呼が発生するか否か）によっても、出願すべき商標は影響を受けます。

　どの商標で出願するかはブランド保護において非常に重要です。現在及び将来の自社のビジネスの状況に応じた最適な選択を行うべきです。

　株式会社child island は、上記判断基準の第3（ロゴマークがすでにあり、今後も変更せず使用し続ける場合）、第4（Rマークを幅広く使用したい場合）および第6（将来の海外展開を視野に入れる場合）が自社の実情に合致していることを踏まえ、商標「child island」について、標準文字とロゴマークの2件で商標出願することを決定しました。

二段商標には弱点がある

　本節の最後に、二段商標と立体商標での出願について簡単に触れておきます。結論から言えば、いずれも筆者としては原則としてお勧めできません。

　まず、「二段商標」とは、上下二段の横書きの文字列で構成される商標をいいます。この形態の商標は実際に多く登録されています。

　最も一般的な例としては、図3-6-3のように、ローマ字とカタカナで構成され、下段が上段の読み仮名として認識される二段商標が挙げられます。

■図3-6-3 一般的な二段商標

child island
チャイルドアイランド

筆者としては、このような二段商標での出願を否定するものではありませんが、どちらかと言えばあまりお勧めできません。理由は以下の3点です。

第1に、排他権が制限されるからです。

二段商標の場合、上段のローマ字だけで出願した場合と比べて排他権が狭まります。

例えば「child island」のみを登録すれば、「チャイルドアイランド」や「チャイルドイスランド」など、複数の称呼が発生し、それらに類似する商標を排除できます。しかし、二段商標では下段のカタカナ部分が上段の読み仮名と認識されるため、原則として「チャイルドアイランド」の称呼しか発生しません。その結果、排他権の範囲が狭まってしまいます。

第2に、独占権が制限されるからです。

Rマークやライセンスの対象は登録商標そのものであるため、権利者が実際に二段商標の形で使用するなら問題ありません。

しかし、上段のローマ字部分のみ、あるいは下段のカタカナ部分のみを使用する場合、それらは登録商標の使用とみなされません。そのため、Rマークを付与したりライセンスの対象に

したりすることができません。

　第3に、商標登録が取り消されるリスクがあるからです。

　上段または下段の一方だけを使用している場合、それは登録商標の使用とは認められず、不使用取消審判を請求されるリスクがあります。その結果、商標権そのものを失う可能性があります。

全く意味のない二段商標とは？

　さらに、二段商標には上段と下段の称呼が全く異なるタイプも存在します。**図3-6-4**をご覧ください。独立した異なる商標を単に上下二段に並べたものと認識されるこの形態も、実際に多く登録されています。さらに、同様の形態で三段や四段以上に及ぶ登録商標も実在しています。

■図3-6-4　意味のない二段商標

child island

こどもの島

　このような商標の出願人は、本来独立して出願すべき複数の商標を一つにまとめることで、費用を節約しようしているのかもしれません。その気持ちはわかりますが、筆者としては、このような二段商標の出願は全くお勧めできません。

　理由は明白です。この商標から発生する称呼は「チャイルドアイランドコドモノシマ」であり、「チャイルドアイランド」でも「コドモノシマ」でもないからです。その結果、上下いずれの商標も保護されません。

　仮にこの形態で上下それぞれについて保護が認められるのであれば、一つの願書に「広辞苑」の全単語を詰め込めば史上最強の商標権が完成してしまいます。もちろん、そのようなことは許されません。「一商標一出願の原則」に反するからです。

　したがって、このような二段商標での出願は、費用の無駄遣いにしかなりません。

立体商標には限界がある

　「立体商標」とは、立体的形状からなる商標をいいます。有名な例として、不二家のペコちゃんやケンタッキーフライドチキンのカーネルおじさんの人形、コカコーラやヤクルトの容器などが商標登録されています。

　立体商標は大きく2つのタイプに分類されます。一つはロゴまたはロゴマークがついていないもの、もう一つはついているものです（商標法第5条第2項第2号）。以下、前者を「ロゴ

なし立体商標」、後者を「ロゴあり立体商標」と呼びます。

　中小企業・スタートアップが出願を検討する際には、それぞれのタイプのデメリットや効力の限界を十分に理解しておく必要があります。

> **２　次に掲げる商標について商標登録を受けようとするときは、その旨を願書に記載しなければならない。**
> **二　立体的形状（文字、図形、記号若しくは色彩又はこれらの結合との結合を含む。）からなる商標（以下略）**

ロゴなし立体商標は登録が困難

　「ロゴなし立体商標」のメリットは、商標登録が認められた場合、そのデザインについて意匠権と同等の強力な独占排他権を取得できる点です。さらに、商標権は半永久的に更新可能であるため、意匠権よりも有利です。

　一方、デメリットは、商標登録の難易度が非常に高い点です。審査基準上、立体的形状には原則として識別力が認められません。そのため、商標登録を実現するには、その形状が長年にわたり商標として使用され全国的に周知されていることを立証する必要があります（商標法第３条２項）。すなわち、新規のロゴなし立体商標は認められません。しかし、この立証作業は極めて困難であり、手間もかかります。

　ロゴなし立体商標の商標登録例としては、カシオのG-SHOCKや、キッコーマンのしょうゆ卓上びん、コカ・コーラのボトル、ホンダのスーパーカブの形状など、全国的に知られた息の長いヒット商品に限られています。

> 　2　前項第三号から第五号までに該当する商標であつても、使用をされた結果需要者が何人かの業務に係る商品又は役務であることを認識することができるものについては、同項の規定にかかわらず、商標登録を受けることができる。

ロゴあり立体商標は権利が制限

　「ロゴあり立体商標」のメリットは、商標登録のハードルが低い点です。立体的形状に識別力が認められなくても、ロゴ部分に識別力があり不登録事由がなければ、立体商標として登録が認められるからです。

　一方、デメリットは、登録されたとしても立体的形状そのものには商標権の効力が及ばない点です（商標法第26条第1項第5号）。上述の通り、立体的形状自体には全国的に長期間周知されている場合でなければ識別力が認められないため、ロゴ部分の識別力によって商標登録が認められたにすぎない立体商標について、立体的形状部分にまで商標権の効力を認めるのは不合理だからです。

> 第二十六条　商標権の効力は、次に掲げる商標（他の商標の一部となつているものを含む。）には、及ばない。
> 五　商品等が当然に備える特徴のうち政令で定めるもののみからなる商標

意匠登録の代替手段にはなりえない

　第1章第5節で説明したように、意匠権には新規性要件があるため、製品デザインが公開された後では原則として出願できません。そのため、意匠出願のタイミングを逸して権利取得を逃した企業が、代わりに立体商標での権利取得を検討するケースもあるかもしれません。

　しかし、ロゴなし立体商標は商標登録が極めて難しく、ロゴあり立体商標では立体的形状に権利が及びません。したがって、立体商標の登録は意匠登録の代替手段とはなりえないのです。

　ただし、この点をいわば逆手に取った裏技的な商標戦略として、意匠権と商標権を継ぎ目なく連携させる「シームレス戦略」というものが、主に大企業によって編み出されています。シームレス戦略については、第6章第3節で詳述します。

新しいタイプの商標もハードルが高い

　なお、2015年の商標法改正によって、文字や図形などの平面

商標、および立体的形状の立体商標に加えて、動き商標、ホログラム商標、色彩のみ商標、音商標、位置商標が商標登録可能となりました。これらは「新しいタイプの商標」と呼ばれています。この法改正は欧米の商標制度に倣ったものです。

しかし、これらの商標は、上述のロゴなし立体商標と同様、特許庁の審査において原則として識別力が認められず、例外的に商標登録を受けるには全国的に長期間周知されている実績が必要です。したがって、会社としての歴史が浅いスタートアップがこれらの商標で登録を受けるのは、現実的ではないと言えます。

第7節 ┃ 生成ＡＩの能力を活用する

　前節までの説明で商標出願の事前準備は完了しましたが、本節では最後に、商標出願における生成ＡＩの活用方法について解説します。特に中小企業・スタートアップが新商品・新サービスをリリースする段階において、生成ＡＩはその真価を発揮します。

　なお、2022年秋にOpenAI社がChatGPTを公開して以来、生成ＡＩの能力は日進月歩で進化しています。以下の内容は、本稿執筆時点（2025年２月）における生成ＡＩの能力に基づいています。

ネーミングを提案させる

　生成ＡＩがその能力を最も発揮するのは、商標のネーミングやロゴマークの検討段階です。

　この作業は、企業が自社の商品・サービスに使用するブランドを検討するブレインストーミングだけに限りません。第５節で述べたように、先行商標調査で同一または類似する商標が見つかり、新たな商標案を急いで考案しなければならない状況でも、生成ＡＩは非常に有用です。実際に筆者は、以下の方法でクライアントに商標案を提案し、それが採用されて商標登録に至った経験があります。

　例えば、商標「child island」が出願できないことがわかった場合に、これに代わる新たなブランド名をChatGPTの力を借りて検討してみましょう。

　プロンプト（指示文）は次の通りとします。

> 当社が近日発売する高級化粧水のブランド名を、以下の条件で３つ提案してください：
> ・すべてローマ字で構成してください。
> ・「child」という文字を含めてください。
> ・ターゲットである30代女性を意識してください
> ・若々しくかつ爽やかなイメージにしてください。

　このプロンプトに対し、ChatGPTは瞬時に以下の提案をしてくれました。先行商標調査さえクリアすればすぐにでも採用できそうな、センスのよいネーミングです。

> 1．Childéa（チルデア）
>   ー「Child」と「Idea（発想、可能性）」を組み合わせ、若々しさと可能性に満ちた未来を感じさせる名前です。最後の「é」が高級感を演出します。
> 2．PureChild（ピュアチャイルド）
>   ー「Pure（純粋）」と「Child」を組み合わせ、自然で爽やかな純真さをイメージ。30代女性に癒しと信頼感を与える響きです。

3．Childora（チルドラ）
　－「Child」と「Aura（オーラ）」を組み合わせ、若々し
　　い輝きや内なる美しさを表現。エレガントで印象に残
　　る名前です。

ChatGPTが現時点では一番賢い

　同じプロンプトに対する他の生成ＡＩの回答もみてみましょ
う。Google社の「Gemini」と、Microsoft社の「Copilot」の提
案は以下の通りでした。

　Geminiは説明が丁寧ですが、センスに欠ける印象です。
Copilotは回答が簡素すぎて、実用的とは言えません。この用
途に関しては、現時点でChatGPTが最も有能と言えるでしょう。

（Gemini）
提案１：Childlike Glow（チャイルドライクグロー）
・意味：子供のように輝かしい、という意味。
・理由：30代女性に、若々しく輝かしい肌を取り戻してほ
　　しいという願いを込めています。「glow」は、健康的な
　　肌の輝きを連想させ、ポジティブな印象を与えます。
・イメージ：透明感があり、みずみずしい肌。
提案２：Child of Nature（チャイルドオブネイチャー）
・意味：自然の子ども、という意味。

・理由：自然の恵みを肌に取り入れる、オーガニックや天
　然成分をイメージさせる言葉です。30代女性に、自然体
　で美しい肌へ導くというメッセージを伝えます。

・イメージ：自然素材で作られた、優しい使い心地の化粧水。

提案３：Childish Heart（チャイルディッシュハート）

・意味：子供のような心、という意味。

・理由：若々しい心を持ち続ける30代女性をターゲットに、
　心の状態と肌の美しさを繋げます。「childish」は、大人
　っぽさを失わずに、可愛らしさを表現できる言葉です。

・イメージ：心も体もリフレッシュできるような、心地よ
　い香りやテクスチャーの化粧水。

（Copilot）

1. YouthChild

2. FreshChild

3. GlowChild

ロゴマークを提案させる

　新たなブランド名は「Childéa」に決まりました。続いて、
ChatGPTにロゴマークを提案してもらいましょう。

　プロンプトは次の通りです。

> 当社が近日発売する高級化粧水に使用するロゴマークを、以下の条件で画像生成してください。3つ提案してください。
> ・シンボルマークの下にブランド名の「Childéa」を配置する構成にしてください。
> ・シンボルマークは花をモチーフとし、シンプルなものにしてください。
> ・ターゲットである30代女性を意識してください。
> ・若々しくかつ爽やかなイメージにしてください。

　このプロンプトに対し、ChatGPTは5秒間ほど考えた後、**図3-7-1**の2枚の画像を提示してくれました。「3つ提案してください」という指示に対して、処理容量の制約から2つのみの提案でしたが、どちらもそのまま採用できるほど高いクオリテ

■図3-7-1　ChatGPTの提案画像（実際はカラーで出力）

ィでした。

　以上が、生成ＡＩを活用した新たな商標のネーミングとロゴマークの検討です。後述するように、現時点でChatGPTは先行商標や著作権のチェックはまだ十分にできないようなので、提案を採用する際には、J-PlatPatの称呼検索と図形検索、およびGoogleの画像検索によって他人の権利を侵害していないことを確認する必要があります。

　いずれにせよ、このような高いクオリティのアウトプットをわずか数秒で得られるというのは、ChatGPTが登場する2022年以前には全く想像もできないことでした。このような時代に生きる私たちが、この画期的なツールを使い倒さない理由はありません。

他のタスクへの活用可能性

　商標のネーミングやロゴマークの検討以外にも、商標分野での生成ＡＩの活用方法として、識別力のチェック、不登録事由の確認、商品・役務の指定、先行商標調査と類否判断、出願商標の形態の検討、拒絶理由通知に対する意見書案の作成などが考えられます。

　しかし、筆者がChatGPTをさまざまに試した限りでは、現時点ではこれらのタスクで実用に足る結果を得ることはできませんでした。事実関係に基づく正確な判断や情報提供については、まだ信頼できるレベルには達していないのが現状です。

　ただし、このようなタスクも、近年の生成ＡＩの爆発的な進化速度を考えると、数年後には軽々とこなせるようになることは想像に難くありません。とりあえず特許庁には、ChatGPTにJ-PlatPatや審査基準などを統合した「知財特化型ＡＩツール」の開発を期待したいところです。

シンギュラリティへの期待と不安

　さらに、自ら学習し自己改良する「自律型ＡＩ」がついに人類の知能を凌駕する「シンギュラリティ」が、早ければ2040年にも到来すると予測されています。

　そのとき、商標制度を含む知的財産制度はどのように変貌しているのでしょうか。そして、弁理士という職業はその役割を終え、消滅する運命にあるのでしょうか。

　今、技術進歩の速さとすばらしさに驚嘆するとともに、期待と不安が入り混じった複雑な感情を抱くのは、筆者だけではないはずです。

第3章のまとめ（勝負は出願前にほぼ決まる）

第1節：まず識別力をチェックする

　審査の合否は、出願前の準備段階でほぼ決まります。そのため、まずは識別力を確認します。普通名称、慣用商標、記述的商標、ありふれた氏または名称、極めて簡単かつありふれた標章などに該当しなければ識別力が認められます。審査結果を完全に予測することは困難ですが、審査基準や登録例を分析することで一定の予測は可能です。

第2節：不登録事由をチェックする

　次に、商標が不登録事由に該当しないかを確認します。18類型のうち、第11号以外の不登録事由には、公益を害する商標、他人の氏名を含む商標、博覧会に便乗する商標、未登録周知商標に類似する商標、登録防護標章と同一の商標、品種登録名に類似する商標、出所混同を生ずる商標、品質誤認を生ずる商標、ぶどう酒の産地表示を含む商標、不正目的で使用する商標などがあります。

第3節：商品・役務を正しく指定する

　次に、商品・役務を正しく指定します。商標権の権利範囲を決定する重要な作業です。J-PlatPatで区分を調べ、類似商品・役務審査基準で商品・役務を特定します。基本

的に指定は短冊レベルで行えばよく、細かい指定は実務的には意味を持ちません。区分数が増えると費用も増えるので、無闇に増やすべきではありません。しかし、必要不可欠な区分は最初から指定すべきです。

第4節：先行商標調査を効率よく行う

次に、先行商標調査を効率よく行います。J-PlatPatの「称呼（類似検索）」の欄と「類似群コード」の欄に入力して、検索結果を確認します。結果が0件であれば調査は終了ですが、ヒットすれば次節の類否判断に移行します。図形を含む商標は図形検索も行います。先行商標調査には、タイムラグや審査官の判断の幅に起因する制約があります。

第5節：類似商標か否かをを判別する

先行商標調査の結果、似ている商標が存在する場合は類否判断を行います。類否判断の3要素は外観、称呼、観念ですが、称呼が最も重要です。出願商標と引用商標の音数が2音以上相違していれば非類似です。1音しか相違していなくても、非類似を主張できる場合があります。主張できない場合は、新たな商標で出願するなどの対応が必要となります。

第6節：出願商標の形態を決定する

最後に、出願商標の形態を決定します。標準文字、ロゴ、

マーク、ロゴマークのすべてを出願すれば費用がかかり、多くの中小企業・スタートアップにとって現実的ではありません。7つの判断基準を踏まえ、現在及び将来の自社のビジネスの状況に応じた最適な選択を行うべきです。二段商標は弱点が多いのでお勧めしません。立体商標は限界を十分理解して出願を検討すべきです。

第7節：生成ＡＩの能力を活用する

生成ＡＩが能力を最も発揮するのは、商標のネーミングやロゴマークの検討段階です。条件を明示したプロンプトに対して、ChatGPTは数秒でセンスのよいネーミングやロゴマークを提案してくれます。現時点でChatGPTが最も有能です。他のタスクについては不十分ですが、近年の爆発的な進化速度を考えると、数年以内にはこなせるようになる可能性があります。

第 **4** 章

審査は特許庁との頭脳戦

第1節：審査フローを俯瞰する

第2節：商標出願を正確に行う

第3節：拒絶理由通知に反論する（前編）

第4節：拒絶理由通知に反論する（後編）

第5節：拒絶査定を受け入れない

第6節：無駄な登録料は納めない

第7節：第三者の妨害に屈しない

第4章のまとめ

第1節 審査フローを俯瞰する

　前章では、商標出願のための事前準備のノウハウを説明しました。本章では、商標出願から商標登録までの手続と審査対応について解説します。

　前章で述べたように、特許庁審査の合否は、事前準備段階でほぼ決まります。しかし、「百里を行く者は九十を半ばとす」ということわざが示す通り、最後まで気を緩めずに進めることが重要です。

　本節ではまず、審査手続全体のフローと各段階のポイントをおさえます（**図4-1-1**）。

商標出願（商標登録出願）

　特許庁所定のフォーマットで願書を作成します。願書には、①出願人の氏名（個人の場合）または名称（法人の場合）及び住所、②商標登録を受けようとする商標、③指定商品・役務及び区分を記載します。この願書に出願料を添えて特許庁に提出すれば、商標出願手続は完了です。

　図4-1-1に記載されている通り、出願料は3400円＋（8600円×区分数）なので、区分数が1つの場合は1万2000円、2つの場合は2万600円、3つの場合は2万9200円です。願書の提出は郵送や持参のほか、オンラインでも可能です（詳しくは第2節）。

■図4-1-1

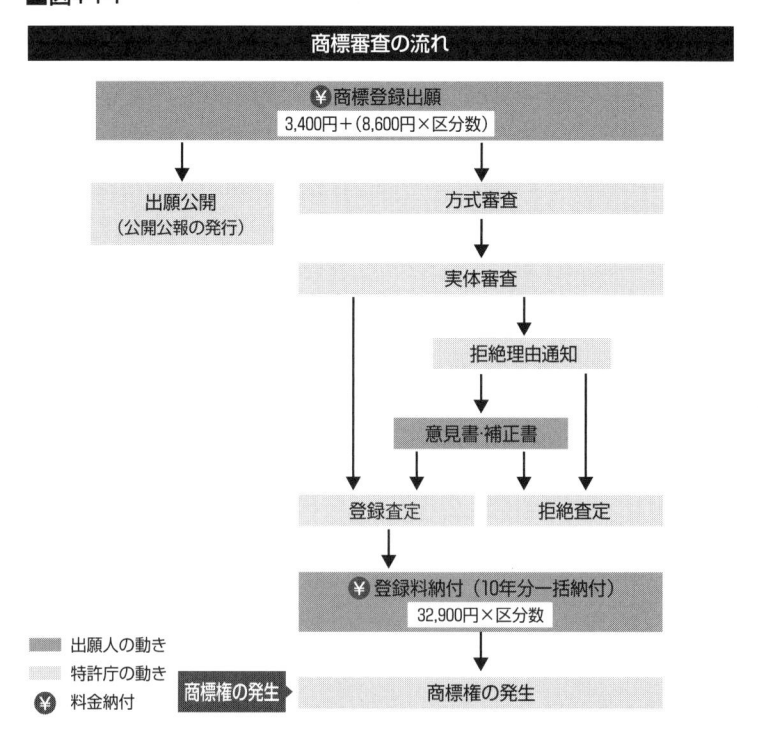

出典）特許庁ウェブサイト（https://www.jpo.go.jp/system/basic/trademark/index.html#02）

すでに何度も説明している通り、商標制度は先願主義を採用しているため、1日も早く出願することが非常に重要です。

出願公開（公開公報の発行）

願書に記載された内容は、出願後すみやかに特許庁によって

公開されます。出願公開は「公開公報」によって行われます。公開公報はほぼ毎日発行されており、インターネットで閲覧できます（「特許庁　インターネット公報」で検索*）。

（＊）https://www.gazette.jpo.go.jp/scciidl010

　ただし、第3章で説明したように、出願内容がJ-PlatPatのデータベースに反映されるまでには約1か月のタイムラグがあります。

　出願公開により、出願人は他人による同一または類似する商標の使用を牽制できるというメリットが得られます。一方で、出願された商標が登録されることを妨げたい第三者から、ネガティブな情報が特許庁に届く可能性も生じます（詳しくは第7節）。

方式審査・実体審査・拒絶理由通知

　願書は、原則として特許庁が受理した順番に審査されます。ただし、この順番を飛ばして早く審査を受けられる「早期審査制度」も利用できます（詳しくは第2節）。

　「方式審査」では、願書の記載が特許庁所定のフォーマット（方式）に従っているかが審査されます。この段階で不備が見つかると補正手続（願書の誤記などを訂正・補充する手続）が求められ、その対応に時間がかかるため、次の実体審査段階に入る順番が大幅に遅れてしまいます。そのため、願書の作成は正確に行うことが重要です。

　方式審査をクリアすると、拒絶理由の有無を審査する「実体審査」が行われ、出願から通常約 7 か月後に審査結果（登録査定または拒絶理由通知）がわかります。

　審査官が不合格と判断した場合は、「拒絶理由通知」という予告状が届きます。これを放置すると出願は却下されてしまうため、通知を受けてから40日以内に意見書や補正書を提出して、指摘された拒絶理由を解消する必要があります（詳しくは第 3 節及および第 4 節）。

登録査定・拒絶査定

　審査官が合格と判断した場合、「登録査定」という合格通知が届きます。登録査定は、拒絶理由通知を受けない場合は出願から約 7 か月後、拒絶理由通知を受けて意見書や補正書を提出した場合は、さらにその数週間後に届きます。

　一方、拒絶理由通知への対応に審査官が納得しない場合、「拒絶査定」という不合格通知が届きます。拒絶査定に不服がある場合は、「拒絶査定不服審判」を請求して、審査官より上位の審判官の合議体に判断を仰ぐことができます（詳しくは第 5 節）。

登録料納付・設定登録（商標登録）

　登録査定を受け取った後、30日以内に10年分の登録料を一括で納付します。登録料は、区分数が 1 つの場合は 3 万2900円、

　2つの場合は6万5800円、3つの場合は9万8700円です。

　この段階で、不要な区分を削除して登録料を節約したり、商品・役務のライフサイクルの長さを考慮して5年分の登録料納付を選択することも可能です（詳しくは第6節）。

　登録料の納付をもって商標権が設定登録され、商標登録が完了し、出願人は商標権者となります。登録内容は特許庁の「商標原簿」に記載され、「商標掲載公報」とJ-PlatPatで公開されます。

　商標掲載公報の発行から2か月以内は、誰でも特許庁に対し「異議申立」をすることが可能です。異議申立が認められると商標登録は取り消されるため、商標権者は適切な対応を行う必要があります（詳しくは第7節）。

第2節 商標出願を正確に行う

　本節では、商標出願の具体的な方法について解説します。前節で述べたように、出願は、特許庁所定のフォーマットの願書に記載する必要があります。

　出願手続には何よりも正確さが求められます。願書の記載に不備がある場合、方式審査段階で補正手続が必要となり、ただでさえ長い審査期間がさらに延びてしまいます。そのため、願書作成時には細心の注意が必要です。

願書を作成する

　願書はＡ４サイズで作成します。独立行政法人工業所有権情報・研修館（ＩＮＰＩＴ）の専用ウェブサイト（「ＩＮＰＩＴ様式見本」で検索*）からWordファイルをダウンロードし、必要事項を記入してプリントアウトします。**図4-2-1**にそのサンプルを示します。　　　　（＊）https://faq.inpit.go.jp/FAQ/000001.html

　願書を記載する上で注意すべき点は次の通りです。

　まず、願書の一番上に貼り付けるのは、収入印紙ではなく特許印紙です。区分数に応じた出願料分を貼り付けます。

　【整理番号】は出願人が他の出願と区別するための番号で、10字以内のローマ字・数字、および記号の「―」を組み合わせて自由に記載できます。

■図4-2-1　願書のサンプル

特　許
印　紙

（12,000円）

【書類名】　　商標登録願
【整理番号】　ＳＧＲ０７０１１４
【提出日】　　令和７年１月１４日
【あて先】　　特許庁長官　　殿
【商標登録を受けようとする商標】

【指定商品又は指定役務並びに商品及び役務の区分】
　　【第３類】
　　【指定商品（指定役務）】化粧品，洗濯用柔軟剤，つけまつ毛用接着剤，口臭用消臭剤，せっけん類，歯磨き
　【商標登録出願人】
　　【住所又は居所】滋賀県大津市○○町○－○－○
　　【氏名又は名称】株式会社child island
　　【代表者】　　　児嶋　秀平
　　【電話番号】　　０７７－○○○－○○○○

　【提出日】には、特許庁に願書を持参または郵送する日を記載します。【あて先】には特許庁長官の名前までは記載不要です。

　商標は、【商標登録を受けようとする商標】の四角い枠線内に記載します。標準文字で出願する場合は、商標の下に【標準文字】という項目を挿入すると、提出後に特許庁側で標準文字書体に変換してくれます。

　【指定商品（指定役務）】の欄は、指定商品を記載する場合でも（指定役務）を削除せずそのまま使用します。また、非常に細かい話ですが、指定商品と指定商品の間は「、」ではなく全角の「，」で区切らなければなりません。

　【住所又は居所】の欄は、初回出願時のみに記載します。2回目以降は、初回出願後に通知される9桁の識別番号を使用します。

電子化手数料がかかる

　願書を特許庁に郵送する際の封筒の宛先は、「〒100−8915　東京都千代田区霞が関3−4−3　特許庁長官殿」です。部署名などは記載不要です。

　特許庁に提出した紙の願書は、効率的に審査を行うため電子化されます。このため、出願から約2週間後に、電子化業務を行う一般財団法人の「工業所有権電子情報化センター」から、電子化手数料の振込用紙が届きます。

　電子化手数料は2400円＋（枚数×800円）なので、願書が1

枚に収まれば3200円となります。この手数料を期限内に支払わない場合、特許庁から督促され、最終的に出願が却下される可能性があるため注意が必要です。

インターネット出願もできる

　商標出願は、上記のように紙の願書で行う方法のほか、専用の出願ソフトを使用して電子的に行う方法もあります。これを「インターネット出願」といいます。出願ソフトは特許庁の専用ウェブサイト（「特許庁　電子出願ソフトサポートサイト」で検索*）から無料でダウンロードできます。

（*）https://www.pcinfo.jpo.go.jp/

　インターネット出願には多くのメリットがあります。例えば、願書の記載不備を自動で指摘してくれること、工業所有権電子情報化センターによる電子化プロセスが省かれるため、電子化手数料がかからず審査も早く進むこと、出願料をクレジットカードで支払えること、特許庁からの通知（補正指令書、拒絶理由通知、登録査定、商標登録証など）をオンラインで受け取れることなどが挙げられます。

　一方、インターネット出願のデメリットは、なりすましを防ぐために民間の認証機関が発行する電子証明書を準備する必要があり、その取得に時間と費用がかかる点です。筆者の場合、電子証明書の申請から発行までに約4週間を要し、費用は2年間有効なタイプで1万5400円かかりました（「セコムパスポー

ト for G-ID」の場合）。

　したがって、当面は1件から数件程度の商標出願で十分と考える会社であれば、紙の出願が適当です。中小企業・スタートアップの多くはこれに該当するかもしれません。一方、商品やサービスのバリエーションが豊富であったり、新商品や新サービスを次々とリリースする場合は、インターネット出願ができる環境を導入することをお勧めします。

早期審査制度を利用する

　「早期審査制度」とは、出願人の申請によって特許庁の審査期間を大幅に短縮することができる制度です。通常の審査期間（商標出願から登録査定または拒絶理由通知までの期間）は約7か月ですが、早期審査制度を利用すれば、審査期間を約2か月に短縮することができます。

　早期審査の申請は出願日以降いつでも可能ですが、審査の短縮が目的であるため、可能な限り出願と同時に申請するのが理想です。

　早期審査制度を利用するためには、商標出願が以下の1）〜3）のいずれかの条件を満たしていることを証明する「事情説明書」を提出する必要があります。

　この事情説明書のフォーマットも、上述の工業所有権情報・研修館の専用ウェブサイト（「ＩＮＰＩＴ　様式見本」で検索）からダウンロードできます。

1）出願人又はライセンシー（出願人から出願商標の使用
　許諾を受けている者）が、出願商標を指定商品・指定
　役務の一部にすでに使用していて（又は使用の準備を
　相当程度進めていて）、かつ、権利化について緊急性
　を要する案件であること。

2）出願人又はライセンシーが、出願商標をすでに使用し
　ている商品・役務（又は使用の準備を相当程度進めて
　いる商品・役務）のみを指定している案件であること。

3）出願人又はライセンシーが、出願商標を指定商品・指
　定役務の一部にすでに使用していて（又は使用の準備
　を相当程度進めていて）、かつ、「類似商品・役務審査
　基準」等に掲載されている商品・役務のみを指定して
　いる案件であること。

　注意すべきは、早期審査制度を利用しても、審査期間が短縮
される以外のメリットはないという点です。例えば出願日が繰
り上がったり、審査が甘くなったりすることはありません。ま
た、特許庁の手数料はかかりませんが、申請手続を特許事務所
に依頼すれば追加費用がかかります。

　それでも、例えば出願商標をすでに事業に使用している場合
や、使用の準備を相当程度進めてしまっている場合などは、取
引先や顧客との関係で「出願中」という不安定な状態を早く脱
して、商標権者としての法的地位を確定させることが重要です。
このような場合は、早期審査制度の利用について検討する価値

があります。

補助金制度を活用する

　全国の市町村や東京都の特別区の中には、商標権を含む知的財産権の重要性を理解し、地元の中小企業を対象に国内出願費用を補助する制度を設けている自治体があります。

　例えば、筆者の知る限りでも、市町村では栃木市、下仁田町、岩国市、大分市、別府市、また、特別区では千代田区、港区、台東区、北区、荒川区、品川区、世田谷区、板橋区、江東区、墨田区、足立区、葛飾区、江戸川区が、ほぼ同様の出願補助金を提供しています。

　いずれも、出願費用の2分の1または所定の限度額まで、という条件は共通しており、限度額は自治体により様々です。一方、国や都道府県は、国内出願ではなく国際出願費用を補助する制度を設けて、市町村の補助制度とすみ分けています。

　中小企業・スタートアップは、自社が立地する都道府県や市町村、特別区のウェブサイトを一度確認し、適切なタイミングで申請できる補助金制度があれば、活用を検討することをお勧めします。

　また、中小企業庁が提供する「ものづくり補助金」や「事業再構築補助金」も、商標出願費用に充てることができます。ただし、これらは設備投資や新市場開拓を支援するものであり、商標出願費用はそれらに付随する経費としてのみ対象となりま

す。さらに、近年の採択率は約30%と競争が激しいため、商標
出願を主目的として申請するのは適切ではないでしょう。

第3節　拒絶理由通知に対応する（前編）

　商標出願に対し、審査官が商標登録を認めるべきではないと判断した場合には、拒絶理由通知が届きます。これに対し、出願人は意見書を提出する機会が与えられます（商標法第15条の2）。意見書の提出期限は通知書の発送日から40日です。

　意見書を提出すれば同じ審査官が再度審査を行いますが、そのまま何も対応しなければ拒絶査定になります。

> 第十五条の二　審査官は、拒絶をすべき旨の査定をしようとするときは、商標登録出願人に対し、拒絶の理由を通知し、相当の期間を指定して、意見書を提出する機会を与えなければならない。

3分の2は登録に至る

　第3章第1節で述べたように、最初の審査結果通知の内訳は、登録査定が約65％、拒絶理由通知が約35％となっています。一方、特許庁の「特許行政年次報告書2024」によれば、2023年において、最初の審査結果通知は14万2461件、登録査定件数は12万5973件（最初の審査結果通知の約88％）でした。

　以上から、最初の審査結果が拒絶理由通知であっても、その

■図4-3-1　審査結果の内訳

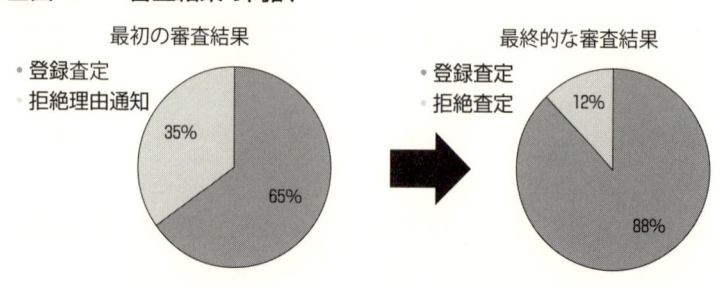

出典）特許庁「商標出願ってどうやるの？」および「特許行政年次報告書2024」をもとに筆者加工

約3分の2は意見書によって拒絶理由を解消することに成功し、最終的に登録査定となっていることがわかります（**図4-3-1**）。

　本書の読者であれば、第3章で説明した事前準備を確実に行い、前節で説明した商標出願を正確に行いさえすれば、最初の審査結果通知において拒絶理由通知を受ける確率は、統計上の数字（約35％）よりもずっと低く抑えられるでしょう。しかし、これを完全にゼロにすることは困難です。

　そこで本節では、拒絶理由通知を受けた場合の対応方法について解説します。

拒絶理由「指定商品・役務が不適切」への対応

　拒絶理由通知において審査官が指摘する理由は、主に3つの類型に整理できます。

　第1類型は「指定商品・役務が不適切」、第2類型は「識別

力なし」、第3類型は「先行商標あり」です。

このうち、最も多いのは第1類型（指定商品・役務が不適切）ですが（第3章第1節：**表3-1-2**）、このタイプへの対応は比較的容易です。

このタイプの拒絶理由通知には、「商標法第6条第1項、第2項の要件を満たさない」と記載され、通常は「以下のように補正した場合は登録を認める」との具体的な補正案が示されます。そのため、基本的には審査官の指摘通りに指定商品・役務の記載を補正すれば拒絶理由は解消し、登録査定を受けることができます。

補正手続は、「手続補正書」を提出して行います。手続補正書のフォーマットは、願書のフォーマットと同じ専用サイト（「ＩＮＰＩＴ　様式見本」で検索*）で入手できます。

（＊）https://faq.inpit.go.jp/FAQ/000001.html

> **第六条　商標登録出願は、商標の使用をする一又は二以上の商品又は役務を指定して、商標ごとにしなければならない。**
> **2　前項の指定は、政令で定める商品及び役務の区分に従つてしなければならない。**

拒絶理由「識別力なし」への対応

厄介なのは、第2類型および第3類型です。本節では、第2

類型（識別力なし）の拒絶理由通知への対応について、以下に詳述します。

このタイプの拒絶理由通知には「商標法第3条第1項第○号に該当する」と記載されます。第3章第1節で説明したように、識別力が認められない商標の類型は6つありますが、拒絶理由通知を受ける場合、その大半が第3類型（記述的商標）に該当し、次が第6類型（その他の識別力なき商標）に該当します。他の類型は事前準備の段階で比較的容易に除外されて、出願されることが少ないからです。

> 三　その商品の産地、販売地、品質、原材料、効能、用途、形状（中略）、生産若しくは使用の方法若しくは時期その他の特徴、数量若しくは価格又はその役務の提供の場所、質、提供の用に供する物、効能、用途、態様、提供の方法若しくは時期その他の特徴、数量若しくは価格を普通に用いられる方法で表示する標章のみからなる商標
>
> 六　前各号に掲げるもののほか、需要者が何人かの業務に係る商品又は役務であることを認識することができない商標

拒絶理由通知には、出願商標がなぜ記述的商標に該当するのかが説明されています。例えば、「ヒーリング体操」という商標（指定役務：スポーツの教授）を出願した場合、拒絶理由通知には概ね次のような理由が示されると考えられます。

「本願商標中、『ヒーリング』は『心身を癒す』という意味で

あり、『体操』は『手足などを動かす運動』という意味であるから、本願商標を指定役務『スポーツの教授』に使用しても、これに接する需要者は『心身を癒す運動』と認識するに過ぎない。また、『ヒーリング体操』という語は、国内の体操教室において広く使用されている実態がある。したがって、本願商標は指定役務の特徴を普通に用いられる方法で表示するものであるから、商標法第3条第1項第3号に該当する」。

　審査官によっては、さらに長く具体的な説明が記載されていることもあります。

　このような拒絶理由通知に対しては、まず審査官の示す見解をよく読んで理解し、そのポイントに逐一反論する意見書を提出します。意見書のフォーマットは、願書と同じ専用ウェブサイト（「ＩＮＰＩＴ　様式見本」で検索）から入手できます。

　このフォーマットの【意見の内容】欄に、審査官の拒絶理由に対する反論意見を全力で展開します。記述の形式は自由ですが、例えば、最初に審査官が示す拒絶理由のポイントを記載し、次にそのポイントごとに反論を述べ、最後に審査官が示す拒絶理由はすべて解消したと結論づけるのが効果的です。

　なお、文体は審査官に敬意を表し、「ですます調」で記述します。

５つの論点で反論する

　反論は、拒絶理由に応じ、主に以下の５つの論点を組み合わ

せて行います。

第1に、「出願商標は指定商品・役務の特徴を表示しているかもしれないが、直接的ではなく間接的に（黙示的・暗示的に）表示しているに過ぎない」という反論です。審査基準には、間接的な表示は記述的商標に該当しないと明記されています（第3章第1節）。

例えば、上述の「ヒーリング体操」の場合、「確かに『ヒーリング』には『心身を癒す』という意味はあるが、心身を癒す方法には、○○や○○や○○など様々な方法があるので、需要者が本願商標に接しても具体的にどのように癒されるサービスかが直接的には認識できない。したがって、本願商標は指定役務の特徴を間接的に表示しているに過ぎない」と反論します。

このほか、拒絶理由によっては、本願商標を構成するワードに複数の異なる語義があることを『広辞苑』を引用して示し、「審査官殿が示す語義は多くの語義の一つに過ぎない」と反論するのが効果的な場合もあります。

第2に、「出願商標は審査官殿が示す商品・役務が属する業種分野では記述的商標に当たるかもしれないが、出願商標の指定商品・役務の分野ではその特徴を表示するものではない」という反論です。

例えば、上述の「ヒーリング体操」の指定役務が「経営に関する指導」である場合、「確かに『ヒーリング体操』はスポーツ指導の分野では一般的に使われているワードであるが、本願商標の指定役務であるコンサル分野ではその特徴を表すもので

はない」などと反論します。

　大量の案件処理に追われる多忙な審査官が、Google検索で出願商標が複数ヒットしただけで、業種分野にかかわらず拒絶理由通知を出すことが時々あるため、その場合はこの反論が効果的です。

　第3に、「出願商標の構成文字は記述的商標に該当するかもしれないが、文字は特殊な書体や装飾が施されており、普通に用いられる表示方法とはいえない」という反論です。この反論は出願商標が標準文字である場合には使えませんが、ロゴやロゴマークの場合は効果的な場合があります。

　ただし、毛筆書体については、業種によっては普通に用いられる場合があるため注意が必要です。筆者の経験では、極太の毛筆書体で表示されたラーメン店や魚の干物の商標について、この主張が認められなかった事例があります。

　第4に、「出願商標は実際に出願人以外に誰も使用していない、または、わずかな者しか使用していない」という反論です。その裏付けとして、Google検索の結果を示します。

　また第5に、「出願商標と同種の商標が登録された前例がある」という点です。J-PlatPatでの検索結果が、その裏付けになります。

　例えば、「ヒーリング喫茶」（指定役務：飲食物の提供）や、「ヒーリング教室」（指定役務：知識の教授）などの商標登録が認められている場合、これらの前例を引用して、「本願商標「ヒーリング体操」だけが認められないのは不当である」などと反

論します。

　ただし、第 4 および第 5 の論点は、単独では審査官に対して十分な説得力を持ちません。特許庁の審査運用において、過去の審査例は審査官の判断を必ずしも拘束しないからです。しかし、メインとなる論点（第 1 〜第 3 ）を補強する材料としては効果的です。

　以上のような反論が認められ、拒絶判断が覆って商標登録に至った最近の例としては、「ＣＯＯＬ　ＷＩＮＥ」（指定商品：ぶどう酒）、「サイクルモビリティ」（指定商品：自転車）、「ＡＩ経営」（指定役務：人工知能に関する教育用ビデオの制作）などがあります。

　一方、「中小企業を支える弁理士」（指定役務：知的財産権に関する手続の代理）は、審査官は意見書での反論（指定役務の特徴を間接表示するに過ぎない）を頑なに認めませんでした（第 3 章第 1 節）。

反論せず受け入れるのも選択肢

　検討の結果、上記のいずれの主張も困難な場合には、意見書を提出することなく拒絶査定を受け入れるのも選択肢としてあり得ます。この選択は全くの無意味ではありません。

　なぜなら、商標法第 3 条を理由とする拒絶査定が確定した場合、その商標を自社で独占することはできませんが、識別力がないことが特許庁によって事実上確定するため、同じ商標を他

社に登録される不安がなくなり、安心してその商標を使用し続けられるからです。

　すなわち、第2章第3節で述べた「将来の不安を解消できる」という、いわば商標登録の最大のメリットが得られるということです。

　ただし、意見書の提出には特許庁の手数料がかからないため、少しでも反論できる可能性がある限り戦いを放棄せず、意見書を提出するべきです。

　以上が、第2類型（識別力なし）の拒絶理由通知への対応方法です。

　次節では、さらに厄介な第3類型（先行商標あり）の拒絶理由通知への対応について、さらに詳しく解説します。

第4節　拒絶理由通知に対応する（後編）

　本節では、第3類型（先行商標あり）の拒絶理由通知への対応方法について解説します。

拒絶理由「先行商標あり」への対応

　このタイプの拒絶理由通知には、「商標法第4条第1項第11号に該当する」と記載され、1つまたは複数の引用商標の登録番号が示されます。

> 十一　当該商標登録出願の日前の商標登録出願に係る他人の登録商標又はこれに類似する商標であつて、その商標登録に係る指定商品若しくは指定役務（中略）又はこれらに類似する商品若しくは役務について使用をするもの

　このタイプの拒絶理由通知が第2類型（識別力なし）と大きく異なるのは、審査官が出願商標と引用商標を類似と判断した理由が一切示されない点です。

　特許庁においてなぜこのような不親切な運用が行われているかは不明ですが、反論を準備する側にとっては、審査官の類否判断のポイントがわからないため、法律で認められた意見提出の機会が制約されていると感じざるを得ません。特許庁にはぜ

ひ改善していただきたいものです。

　また、この拒絶理由通知を受けた場合、そのまま放置して拒絶査定を受け入れることは、第2類型（識別力なし）の場合とは逆に、出願商標の使用ができなくなる場合があることを意味します。拒絶査定が確定すれば、自社の出願商標は引用商標の商標権を侵害していることになるからです（商標法第37条第1号）。

　したがって、出願商標の使用をあきらめられない場合は、以下の対応を全力で行う必要があります。

> 第三十七条　次に掲げる行為は、当該商標権又は専用使用権を侵害するものとみなす。
> 一　指定商品若しくは指定役務についての登録商標に類似する商標の使用又は指定商品若しくは指定役務に類似する商品若しくは役務についての登録商標若しくはこれに類似する商標の使用

重複する指定商品・役務を削除する

　まず、審査官が示す引用商標をJ-PlatPatで検索し、出願商標と引用商標の類似群コードの重複を確認します。次に、出願商標の指定商品・役務から、引用商標の指定商品・役務と類似群コードが重複しているものだけを削除する補正を検討します。

　例えば、出願商標の類似群コードが「01A01 01A02 01B02」、引用商標の類似群コードが「01B02 02A01 03B02」である場合、重複する「01B02」に対応する指定商品・役務だけを本願商標から削除することで、拒絶理由を解消できます。

　ただし、この対応は、引用商標と重複する指定商品・役務が自社の中核業務に関わらない場合に限られます。例えば、同一区分内で料金を変えずに広く指定したが、実際にはそれほど重視していない商品・役務である場合には、削除補正が有効な対策となります。

　意見書にはこの補正の趣旨（引用商標と類似群コードが重複する指定商品・役務のみを削除する補正手続を意見書提出と同日に行ったので、審査官が指摘する商標法第4条第1項第11号の拒絶理由は解消した旨）を記載して提出します。

　この対応は、最も簡単かつ確実で穏便な方法と言えます。通常、特許庁は補正後、数日以内に登録査定を出します。

削除できない場合は非類似を主張する

　一方、重複している類似群コードに対応する指定商品・役務が出願人にとって不可欠なものである場合は、削除補正による対応はできません。この場合は、出願商標と引用商標が非類似であることを主張する意見書を提出する必要があります。

　ただし、上述の通り、拒絶理由通知には審査官が両商標を類似と判断した理由が記載されていないため、意見書で審査官の

個別の判断に反論することはできません。そこで、意見書では、両商標は非類似であると判断すべき理由を包括的に説明することになります（第3章第5節）。

　すなわち、まず外観、称呼、観念のそれぞれについて出願商標と引用商標を比較し、次に審査基準に基づいていずれも非類似であることを論じ、最後にこれらを総合的に考察した結果として両商標は非類似であるという主張を、順を追って具体的かつ丁寧に展開します。

審査官の思考を読んで反論する

　ただし、審査官の判断理由が明示されていないとはいえ、出願商標と引用商標を比較すれば、審査官の思考をある程度推測することは可能です。その場合、想定される判断を先回りして反論することは有効です。

　よくあるケースとして、審査官が出願商標の構成要素を分離し、識別力の低い部分を無視した上で、残りの部分と引用商標の類否判断をすることがあります。これを「分離判断」といいます。このような判断が推測される場合には、「審査官殿は以下のように判断されたものと推測されますが、仮にそうであれば、そのご判断は適切ではありません」と前置きして、以下の2点で反論を展開します。

　第1に、「引用商標は外観、称呼、観念のいずれにおいても一連一体であり、分離判断は不適切である」という主張です。

　例えば「child island」のようにスペースで分けられていても、同じ文字種（ローマ字）、フォント、書体で構成されていれば、一連一体の商標と主張できます。

　このような主張が認められた実例として「United Gold」「soy venus」「Fractal Design」などがあります。

　なお、「一連一体」は、意見書において頻繁に使われるキーワードです。

　第2に、「仮に分離しうるとしても、識別力が乏しいとされた部分には実際には識別力があるので、無視することは不適切である」という主張です。

　以上の具体例として、かつて筆者が取り扱った「ＧＡＴＥ－Ｃ」を紹介します（**図5-4-1**）。本件では、審査官が「－Ｃ」部分を分離して引用商標「ＧＡＴＥ」と類似であると判断したものと推測されました。

　これに対し、「－Ｃ」部分を分離することは外観および観念において不適切であること、百歩譲って分離可能だとしても、虹色に彩色された「Ｃ」には識別力があることを主張する意見書を提出した結果、この主張が認められ、登録査定に至りました。

■図5-4-1　登録第6699140号（「Ｃ」は虹色に彩色）

反論できない場合は引用商標をつぶす

　出願商標と引用商標が非類似であることをどうしても主張できず、さりとて出願商標の使用を断念することも難しい場合、どのような対応が考えられるでしょうか。

　第1の選択肢は、「引用商標の商標登録を取り消す」ことです。引用商標がなくなれば、商標法第4条第1項第11号に基づく「先行商標あり」という拒絶理由は当然に解消するからです。

　このために主に取りうる手段は、「不使用取消審判」と「無効審判」です。ただし、不使用取消審判については、第3章第5節で説明したように、過去3年以内に登録商標を使用したことを商標権者に立証された場合、商標登録は取り消されません。

　無効審判は、引用商標に無効理由がある場合に請求することができます（商標法第46条）。無効理由とは、審査における拒絶理由とほぼ同じです。請求が認められれば、商標登録は遡って取り消されます（同第46条の2）。

　ただし、無効審判を請求するためには、無効理由の存在（商標権者の不正目的など）を立証する必要があり、この作業には相応の手間と費用がかかります。その負担は必ずしも軽いものではありません。また、原則として登録から5年以上経過した登録商標に対しては、無効審判を請求できません。

　第四十六条　商標登録が次の各号のいずれかに該当するときは、その商標登録を無効にすることについて審判を請求する

> ことができる。（以下略）
>
> 第四十六条の二　商標登録を無効にすべき旨の審決が確定し
> たときは、商標権は、初めから存在しなかつたものとみなす。
> （以下略）

商標権者との直接交渉を検討する

　引用商標が不使用でなく無効理由も存在しないため、引用商標の商標登録を取り消すことが難しい場合、第2の選択肢は、「引用商標の商標権者との直接交渉」です。

　交渉によって出願商標を登録することの同意を取り付けたり（コンセント制度：第3章第5節）、引用商標に係る商標権の譲渡や放棄をしてもらうことができれば、「同一または類似する他人の登録商標が存在する」という商標法第4条第1項第11号の拒絶理由は解消します。

　ただし、商標権者が競合他社である場合などには、交渉に応じてもらえない可能性や、高額な対価を要求される可能性があるため、慎重に対応する必要があります。

　なお、上述のような審判請求や直接交渉を行う場合、拒絶理由通知に対する意見書提出期限である40日以内に結論が得られることは通常ありません。そこで、審査官に対し「上申書」を提出し、事情を説明の上、結論が得られるまで査定を猶予するよう要求する必要があります（上申書のフォーマットは、「特許庁　上申書　様式」で検索）。この要求は通常問題なく認め

てもらえます。

削除補正と直接交渉の合わせ技が決まった例

　成功事例として、「株式会社スクリエ」というスタートアップ（京都府京都市）による商標出願「ＨＡＫＫＥＮ」を紹介します。同社はこの商標を、オンライン歯科検診や口腔内撮影ミラーなどの幅広い商品・サービスについて使用しています。

　「ＨＡＫＫＥＮ」の商標出願では5区分を指定しましたが、審査で先行登録商標「ハッケン」が引用され、拒絶理由通知を受けました。そこで、同社はまず、引用商標と抵触する区分などを削除する補正をして商標登録を受けました。

　さらに同社は、引用商標「ハッケン」が商標権者によって当時使用されていなかったことを踏まえ、「ＨＡＫＫＥＮ」サービスの内容などについて商標権者に丁寧に説明しました。その結果、不使用取消審判を請求するまでもなく、「ハッケン」の商標権を円滑に譲り受けることができました。これにより、同社は商標「ＨＡＫＫＥＮ」をより広い範囲で使用できるようになりました[*]。

＊特許庁「事例から学ぶ商標活用ガイド2024」をもとに筆者加工

　この成功事例は、先行商標が使用されていなかったこと、および先行商標権者が好意的であったことという条件が重なって実現したものです。しかし、これらの好条件が常に揃うとは限りません。そのようなケースはむしろ稀です。

　結局のところ、拒絶理由通知に対する最も安全で確実な対策は、出願前に先行商標調査を徹底し、類否判断を慎重に行うことで、そもそも拒絶理由通知を受けないようにすることに尽きます。

第5節 | 拒絶査定を受け入れない

　拒絶理由通知に対して出願人が何も対応しない場合や、提出した意見書の主張が審査官に受け入れられない場合、不合格通知に当たる「拒絶査定」が届きます（商標法第15条）。

　しかし、これで試合終了ではありません。まだ巻き返しのチャンスは残されています。

　本節では、拒絶査定を受け入れず、あくまで抵抗する方法について解説します。

> 第十五条　審査官は、商標登録出願が次の各号のいずれかに該当するときは、その商標登録出願について拒絶をすべき旨の査定をしなければならない。（以下略）

拒絶査定不服審判を請求する

　拒絶理由通知に対して意見書を提出した場合、拒絶査定にはその意見書に対する審査官の見解が記載されています。この見解に納得できない場合、3か月以内に「拒絶査定不服審判」を請求することができます（商標法第44条）。

　拒絶査定不服審判では、特許庁の組織内において審査官よりも上位に位置する経験豊富な「審判官」が、3人一組の合議制

で審理を行います。また、拒絶査定を行った審査官はこの審理に関与しません。このため、より客観的、合理的で適切な判断が期待できます。なお、審理は書面によって行われるため、裁判のように出廷する必要はありません。

> **第四十四条　拒絶をすべき旨の査定を受けた者は、その査定に不服があるときは、その査定の謄本の送達があつた日から三月以内に審判を請求することができる。（以下略）**

特許庁の「特許行政年次報告書2024」によれば、2023年における拒絶査定の件数は1万6488件で、拒絶査定不服審判の請求件数は1107件でした。

ただし、拒絶査定が出されてから審判請求が行われるまでには最大3か月のタイムラグがあり、年をまたぐケースもあるため、これらの件数が完全に対応するわけではありません。とはいえ、単純に割り算すると、拒絶査定の約7％について審判が請求されていることがわかります。

請求率が1割以下という意外に低い数字には、意見書提出と異なり、審判請求には比較的高額な費用がかかることが影響していると考えられます。

審判請求にかかる特許庁の手数料は、1万5000円＋（区分数×4万円）です。例えば、1区分なら5万5000円、2区分なら9万5000円、3区分なら13万5000円となります。

拒絶査定不服審判の成功率は５割超

　それでは、拒絶査定不服審判を請求した場合、どの程度の勝算が見込めるでしょうか？　2023年における審決（審理結果）の総数は1146件で、そのうち「請求成立」（商標登録が認められた件数）は593件でした。つまり、成功率は52％であり、まさに五分五分の勝負と言えるでしょう（**図4-5-1**）。

　なお、特許や意匠の拒絶査定不服審判の成功率は78％と81％なので、これらと比較すると、商標の審判官は厳しいと言えます。しかし、成功率が５割を僅かでも超えている以上、一定の費用を負担してでも挑戦する価値は十分にあるでしょう。

■図4-5-1　拒絶査定不服審判の審決の内訳

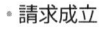

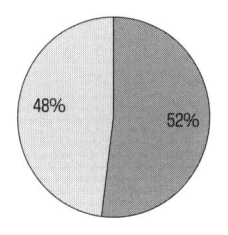

請求成立
請求不成立

48%　52%

出典）特許庁「特許行政年次報告書2024」をもとに筆者加工

審判請求の手順

　審判請求の手順は以下の通りです。まず、特許庁の専用ウェ

ブサイト（「特許庁　審判請求書　様式」で検索*）から、商標の拒絶査定不服審判請求書のフォーマットをダウンロードします。

（＊）https://www.jpo.go.jp/system/trial_appeal/general-sample_bill_sinpan.html

　審判請求書の【請求の趣旨】の欄には、「原査定を取り消す。本願の商標は登録すべきものとする、との審決を求める。」という定型文を記載します。

　【請求の理由】の欄で、拒絶査定は不適切であり、出願商標は登録されるべきであることを論理的かつ詳細に主張します。なお、審判請求書は意見書と異なり、「ですます調」ではなく「である調」で記載するのが一般的です。

　【請求の理由】で述べる論理展開は、拒絶理由通知に対する意見書に記載した内容と基本的に同じで構いません。審判官はこの主張を初めて目にするからです。

　また、拒絶査定に示された審査官の見解への反論も追加しましょう。特に、拒絶理由が第 4 条第 1 項第11号の「先行商標あり」である場合、前節で述べた通り、審査官の判断理由は拒絶理由通知に示されず、拒絶査定の段階で初めて示されることになります。このため、これに対する徹底的な反論を審判請求書に盛り込むことは極めて重要です。

審決取消訴訟を提起する

　拒絶査定不服審判の審理期間は約10か月です。もし請求棄却

の審決が下され、その結果にどうしても納得できない場合は、特許庁長官を被告として、さらに司法の場で争うことができます。これを、「審決取消訴訟」といいます（商標法第63条）。

　審決取消訴訟は、地方裁判所を経ずに東京高等裁判所に提起します。審理は、東京高裁の支部である「知財高裁」で行われます。知財高裁の判決に不服がある場合には、最高裁に上訴することも可能です。

> 第六十三条　取消決定又は審決に対する訴え（中略）は、東京高等裁判所の専属管轄とする。（以下略）

審決取消訴訟の勝訴率は1割未満

　「特許行政年次報告書2024」によれば、2023年における審決取消訴訟の出訴件数は33件でした。判決の総数は26件で、このうち審決取消（勝訴）は2件、請求棄却（敗訴）が24件でした。

■図4-5-2　審決取消訴訟の判決の内訳

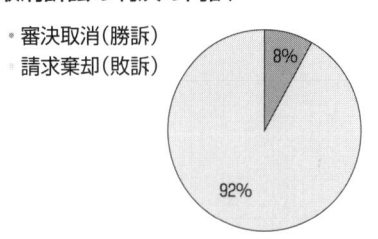

- 審決取消（勝訴）
- 請求棄却（敗訴）

8%

92%

出典）特許庁「特許行政年次報告書2024」をもとに筆者加工

つまり、勝訴率は8％弱にとどまりました（**図4-5-2**）。また、訴訟を遂行するには弁護士のサポートが事実上不可欠ですが、その費用は決して安くありません。

このように、勝訴率が1割未満と極めて低い上、弁護士費用がかさむことを踏まえると、商標登録が認められなければ会社に甚大な損失が発生する可能性があるなどの特別な事情がない限り、審決取消訴訟の提起は慎重に判断すべきでしょう。

第6節　無駄な登録料を納めない

　審査または拒絶査定不服審判の結果、出願商標に拒絶理由がないと判断された場合、合格通知に当たる「登録査定」が特許庁から届きます。登録査定を受け取った後は、30日以内に登録料を納付しなければなりません。この登録料の納付をもって商標登録が完了します（商標法第18条）。

　本節では、登録料の納付方法の選択肢について解説します。

> 第十八条　商標権は、設定の登録により発生する。
>
> 2　第四十条第一項の規定による登録料又は第四十一条の二第一項の規定により商標登録をすべき旨の査定若しくは審決の謄本の送達があつた日から三十日以内に納付すべき登録料の納付があつたときは、商標権の設定の登録をする。（以下略）

通常は10年分一括

　登録料の納付方法は次の通りです。まず、特許庁の専用ページ（「特許庁　納付書様式」で検索*）で、（1）設定納付書（出願番号）の「商標」のフォーマットをダウンロードします。この書面を「商標登録料納付書」といいます。

（＊）https://www.jpo.go.jp/system/process/toroku/touroku_yousiki.html

　この書面に出願番号などの情報を記載し、登録料に相当する特許印紙（収入印紙ではありません）を貼付して、特許庁長官あてに提出します。

　登録料は10年分一括で、３万2900円×区分数です。したがって、区分数が１の場合は３万2900円、２の場合は６万5800円、３の場合は９万8700円となります（商標法第40条第１項）。

> 　第四十条　商標権の設定の登録を受ける者は、登録料として、一件ごとに、三万二千九百円を超えない範囲内で政令で定める額に区分（中略）の数を乗じて得た額を納付しなければならない。

　以上が一般的な納付方法です。

　しかし、必ずしも上記の金額をそのまま納める必要はありません。商標出願から登録査定までは、拒絶理由通知を受けない最短の場合でも約７か月かかります。その間に事業環境が変化し、当初の事業計画を変更する場合も少なくないでしょう。

　このような状況に配慮するため、商標法には登録料の納付に関して２つの特例制度が設けられています。

区分減少制度を利用する

　一つは、区分減少制度です。「区分減少制度」とは、審査中にのみ行うことができる補正手続の例外として、審査終了後で

も登録料の納付と同時に行う場合に限り区分を減少する補正手続を認めるという制度です（商標法第68条の40第2項）。

　この制度を利用すれば、出願時には必要と考えていた指定商品・役務の区分について、登録時には不要と考え直した場合などに、不要な区分にかかる登録料を節約することができます。

> 第六十八条の四十
> 2　商標登録出願をした者は、（中略）登録料の納付と同時に、商標登録出願に係る区分の数を減ずる補正をすることができる。

分割納付制度を利用する

　もう一つは、分割納付制度です。「分割納付制度」とは、10年分一括ではなく、まず5年分を先に納付することを登録時に選択できる制度です（商標法第41条の2第1項）。

　この方法を選択した場合、後半5年分の登録料は登録から5年以内に納付すればよく、または納付せずに5年で商標権を放棄することも可能です。

　このように、分割納付を選択するメリットは、登録時の納付金額を抑えられることに加えて、ライフサイクルが短い商品などについて、商標権を5年以上維持すべきかどうかの判断を最長5年後まで保留できる点にあります。

> 第四十一条の二　商標権の設定の登録を受ける者は、（中略）登録料を分割して納付することができる。この場合においては、商標登録をすべき旨の査定又は審決の謄本の送達があつた日から三十日以内に、一件ごとに、一万九千百円を超えない範囲内で政令で定める額に区分の数を乗じて得た額を納付するとともに、商標権の存続期間の満了前五年までに、一件ごとに、一万九千百円を超えない範囲内で政令で定める額に区分の数を乗じて得た額を納付しなければならない。

　ただし、分割納付による5年分の登録料は、1万7200円×区分数です。1区分なら1万7200円、2区分なら3万4400円、3区分なら5万1600円となります。つまり、分割納付を2回行った場合の10年分の登録料は、1区分なら3万4400円、2区分なら6万8800円、3区分なら10万3200円となるため、10年分一括で納付する場合（3万2900円×区分数）よりも、1区分につき1500円割高になります（**表4-6-1**）。

　したがって、例えば社名商標のように5年以上使用することが確実で、かつ登録時の予算に余裕がある場合は、10年分一括で納付することをお勧めします。いずれにせよ、自社の現在及び将来の事業と経営の状況を十分に考慮し、最適な納付方法を選択すべきです。

■表4-6-1　登録料の比較

区分数	10年分一括	5年分×2回
1区分	32,900円	34,400円
2区分	65,800円	68,800円
3区分	98,700円	103,200円

第7節 ┃ 第三者の妨害に屈しない

　本章においてこれまで述べてきたように、商標審査は出願人と特許庁審査官とのいわば頭脳戦です。

　しかし、時として第三者が商標登録を合法的に妨害しようとする場合があります。それが「情報提供」です。さらに、商標登録を受けた直後の期間にも、同様の攻撃を受けることがあります。それが「異議申立」です。

　本節では、本章の締めくくりとして、情報提供や異議申立を受けた場合の対処法を解説します。

情報提供制度

　「情報提供」とは、審査段階にある出願商標に関するネガティブな情報を特許庁に提供できる制度をいいます。この制度は誰でも利用可能で、匿名で行うこともできます（商標法施行規則第19条）。

> 第十九条　商標登録出願があつたときは、何人も、特許庁長官に対し、当該商標登録出願に関し、刊行物又は商標登録出願の願書の写しその他の書類を提出することにより当該商標登録出願が（中略）登録することができないものである旨の情報を提供することができる。（以下略）

　審査官は、指定商品・役務の適否、商標の識別力の有無、先
行登録商標の有無などについては、願書の記載内容だけに基づ
いて判断が可能です。しかし、例えば、未登録周知商標の存在
（不登録事由第10号）や、出願人の不正目的（不登録事由第19
号）など、外部情報を十分に調査することは難しいのが現実で
す。

　一方で、出願された商標は、出願公開（第1節で説明）によ
って誰でも閲覧できるため、商標登録を阻止したい第三者が客
観的な証拠書類を添えて情報提供をすることがあり、特許庁も
そのような情報提供を奨励しています。審査官は提供された情
報を審査の参考とし、心証（事実認定についての確信）が得ら
れれば拒絶理由通知を出します。

情報提供に対応する

　自社の商標出願について情報提供があった場合、その事実が
特許庁から通知されます。ただし、情報の内容は出願人が請求
しなければ示されません。そのため、「ファイル記録事項記載
書類の交付請求」を行って内容を確認します。

　請求書のフォーマットは、特許庁の専用ウェブサイト（「特
許庁　閲覧　様式」で検索＊）からダウンロードできます。

　　（＊）https://www.jpo.go.jp/system/process/shoumei_etsuran/seikyusho.html

　出願人は請求書を特許庁に郵送または持参して、情報の交付
または返送を受けます。この手続はやや手間がかかる上、手数

料も1300円かかります（ただし、インターネット出願ソフト経由なら600円）。しかし、情報提供は頻繁にあるものではないので、放置せず内容を確認すべきです。

　情報提供の内容を確認した後は、反論を検討し、必要に応じ反論の裏付けとなる証拠（例えば、未登録周知商標が存在するという情報提供であれば、その商標の周知性を否定する客観的証拠）の準備を進めます。

　ただし、審査官が提供された情報を採用するとは限りません。したがって、出願人としては、実際に拒絶理由通知を受けた時点で、意見書の作成に本腰を入れればよいでしょう。

　筆者の経験では、これまでに情報提供を受けたのは2件だけで、いずれも簡単に論破できる内容でした。当然、そのような情報は審査官に採用されず、拒絶理由通知が届くことなく登録査定となりました。

情報提供制度を活用する

　以上は情報提供をされた場合の対応ですが、逆に自社が情報提供制度を活用することで、例えば自社の事業を不当に脅かす可能性のある商標出願を拒絶査定に導くことで、公正な競争環境を守るということも可能です。

　とはいえ、競合他社の商標出願を発見するために公開公報を毎日チェックするのは骨の折れる作業です。大企業のような専従の知財部を持たない中小企業・スタートアップにとっては、

現実的ではないかもしれません。実際に筆者が受けた2件の情報提供も、ある程度名の通った某大企業からのものでした。

異議申立制度

「異議申立」とは、商標登録が公開された直後の2か月間、誰でもその登録に対し異議を申立てることができる制度です（商標法第43条の2）。

この制度の趣旨は、商標登録に対する信頼を高めるという公益的な目的を達成するために、特許庁自ら登録処分の適否を審理し、瑕疵がある場合にはその是正を図ることにあります。

> 第四十三条の二　何人も、商標掲載公報の発行の日から二月以内に限り、特許庁長官に、商標登録が次の各号のいずれかに該当することを理由として登録異議の申立てをすることができる。（以下略）

異議申立が行われた場合、無効審判と同様に審判官3人の合議体によって審理が進められます。

審理の結果、商標登録を取り消すべきと判断された場合は、「取消理由通知」によって商標権者に意見書提出の機会が与えられます。商標権者による意見書の主張が認められない場合には、「取消決定」によって商標登録が取り消されます。

異議申立に対応する

　自社の商標登録に対して異議申立が行われた場合、申立書の副本が特許庁から送られてきます。この副本には異議申立人の主張が記載されているため、情報提供の場合とは異なり、請求手続を経ることなく内容を確認できます。

　その上で、対応方針としては、情報提供の場合と同様に、異議申立人の主張に対する反論を検討し、必要に応じ反論の裏付けとなる証拠を粛々と準備します。そして、実際に「取消理由通知」を受けた段階で、本格的に意見書の作成に取り掛かれば十分でしょう。

異議申立の成功率は1割未満

　「特許行政年次報告書」によれば、2023年の商標登録件数は12万4334件、異議申立の決定件数は437件、そのうち取消決定は41件でした。

　これらの数字を単純に割り算すると、商標登録に対し異議申立が行われる確率はわずか0.35％です。また、異議申立が行われた場合に取消決定が下される確率は9.4％と、1割未満です。このことから、異議申立を過度に恐れる必要はありません。

　筆者自身、これまで異議申立を受けた経験は一度もありません。

第４章のまとめ （審査は特許庁との頭脳戦）

第１節：審査フローを俯瞰する

　事前準備段階後も最後まで気を緩めずに進めることが重要です。商標制度は先願主義を採用しているため、１日も早く出願する必要があります。審査の結果、約７か月後に拒絶理由通知または登録査定が届きます。拒絶理由通知に対応しないと拒絶査定になります。拒絶査定に不服がある場合は審判請求できます。登録査定から30日以内に登録料を納付して、商標登録は完了します。

第２節：商標出願を正確に行う

　審査期間を伸ばさないため、商標出願は「正確さ」が非常に重要です。願書のフォーマットを入手し、出願人情報、商標登録を受けようとする商標、指定商品・役務などを記載して特許庁長官に提出します。インターネット出願には多くのメリットがあります。早期審査制度を利用すれば審査期間を大幅に短縮できます。一部の市町村や特別区では、出願補助金が活用できます。

第３節：拒絶理由通知に反論する（前編）

　拒絶理由通知を受けた場合、拒絶理由「指定商品・役務が不適切」に対しては、審査官の指示を踏まえて補正を行

います。拒絶理由「識別力なし」に対しては、意見書を提出します。意見書では、間接的表示である、指定商品・役務の分野では異なる、普通に用いられる表示方法ではない、誰も使用していない、同種の商標が登録された前例があるなどの論点を組み合わせて反論します。

第4節：拒絶理由通知に反論する（後編）

　拒絶理由「先行商標あり」には、審査官の判断理由が示されません。類似群コードが重複する指定商品・役務を出願商標から削除できない場合は、引用商標との非類似を主張する意見書を提出します。審査官の思考を推測し、想定される判断を先回りして反論します。それも困難な場合、不使用取消審判または無効審判で引用商標の登録を取り消すか、商標権者と交渉します。

第5節：拒絶査定を受け入れない

　拒絶査定に納得できない場合、3か月以内に拒絶査定不服審判を請求します。審判請求の成功率は5割を超えているので、挑戦する価値はあります。審判請求書には、拒絶理由通知に対する意見書に記載した内容と同じ内容に加えて、拒絶査定に示された見解への反論を展開します。請求棄却審決に対しては審決取消訴訟が可能ですが、勝訴率は1割未満であり慎重に判断すべきです。

第6節：無駄な登録料を納めない

　登録査定の後、30日以内に登録料を納付することで商標登録が完了します。登録料は通常10年分一括で納付しますが、2つの特例制度が設けられています。区分減少制度は、登録時に不要な区分を削除して登録料を節約できる制度です。分割納付制度は、5年分を先に納付することを登録時に選択できる制度です。ただし若干割高になるので、最適な納付方法を選択すべきです。

第7節：第三者の妨害に屈しない

　第三者が商標登録を妨害する場合があります。「情報提供」は、出願商標に関するネガティブな情報を誰でも特許庁に提出できる制度です。これに対しては、まず情報の内容を確認し、反論を検討します。「異議申立」は、商標登録の公開直後の2か月間、誰でも異議を申立てられる制度です。異議申立ての成功率は1割未満なので、過度に心配する必要はありません。

第5章

獲得した商標権は死守すべし

第1節 | 権利侵害を警戒監視する

　商標権者が登録商標にRマークをつけて使用している限り、商標法違反のリスクを冒してまで模倣しようとする者は通常現れません。しかし、模倣者が商標制度を知らない場合や軽視している場合には、権利侵害が発生する可能性があります。

　そのため、商標権者が商標登録で得られるメリットを享受し続けるためには、権利侵害に対して敏感であることが求められます。権利侵害を看過して放置した場合、ブランド価値が損なわれ、収益の減少につながりかねないからです。

　本章では、苦労して獲得した商標権を確実に守るための具体的な方法について解説します。

ネット通販サイトをチェックする

　権利侵害が発生した場合、迅速に対応しなければ被害が拡大するおそれがあります。これに対し、早期に問題を発見し、初期段階で解決できれば、訴訟などの時間のかかる大がかりな対策を回避できる可能性が高まります。

　したがって、自社の登録商標を模倣するブランドが市場に出回っていないかを常に警戒し監視することが大切です。

　とはいえ、多くの中小企業・スタートアップにとって、この作業に多くのリソースを割ける余裕はないかもしれません。そ

れでも、少なくともAmazonなどの主要なネット通販サイトや
ＳＮＳ広告は定期的にチェックすべきです。

　また、取引先や顧客に対し、模倣ブランドを見かけた場合は
通報してもらうよう呼びかけることも有効です。

商標権侵害に該当するか？

　権利侵害を発見した場合には、いつ、どこで、誰が、どのよ
うな商標を使用して侵害行為を行ったのかを、できる限り具体
的に特定します。これにより、その行為が「商標権の侵害」に
該当するかを確実に判断するためです。

　実際には権利侵害に当たらない行為に対して警告を行ってし
まうと、かえって自社を不利な立場に追い込むおそれがあるた
め、注意が必要です。

　「商標権の侵害」とは、「正当な権原または理由なき第三者に
よる、登録商標または類似商標の指定商品・役務または類似商
品・役務についての使用」をいいます。権利侵害が疑われる相
手方の行為がこの定義に該当するかどうかを判断する手順は、
次の通りです。

　まず、相手方の使用する商標が自社の登録商標と同一または
類似し、かつ、登録商標の指定商品・役務と同一または類似す
る商品・役務に使用されているかどうかを検討します（商標法
第37条第１号）。

> 第三十七条　次に掲げる行為は、当該商標権又は専用使用権を侵害するものとみなす。
> 一　指定商品若しくは指定役務についての登録商標に類似する商標の使用又は指定商品若しくは指定役務に類似する商品若しくは役務についての登録商標若しくはこれに類似する商標の使用

　商標の類否は、外観・称呼・観念の3要素を総合的に考慮して判断します（第3章第5節）。また、商品・役務の類否は、相手方の商品・役務がどの類似群コードに該当するかを「類似商品・役務等審査基準」で確認し、それが自社登録商標の指定商品・役務に付与された類似群コードと一致するかどうかによって判断します（第3章第4節）。

　その結果、商標または商品・役務のいずれかが非類似と判断される場合は、権利侵害には該当しません（第2章第2節）。

正当な権原または理由があるか？

　商標および商品・役務のいずれもが同一または類似と判断された場合、次に検討すべきは、相手方が「正当な権原または理由なき第三者」に該当するか否かです。「権原」（権限ではありません）とは、その行為を正当化する法律上の原因をいいます。相手方に「正当な権原」があれば、権利侵害には該当しません。

　例えば、相手方が先使用権（第1章第3節）を主張しうる場

合、その商標の使用には正当な権原があります。また、相手方の商標が登録商標である場合も正当な権原があります。

このような場合、相手方の商標が先使用権を主張できるほど周知されているかどうか、または、相手方の登録商標を無効審判や不使用取消審判などで取り消すことが可能かどうかを検討する必要があります。

次に、相手方に「正当な理由」がある場合とは、相手方の使用する商標が、商標権の効力が及ばないタイプの商標である場合をいいます。

具体的には、相手方が自分の氏名などを表示する商標（商標法第26条第1項第1号）、識別力のない商標（同第2号〜第5号）、および商標的使用でない商標（同第6号）です。

第二十六条　商標権の効力は、次に掲げる商標（他の商標の一部となつているものを含む。）には、及ばない。

一　自己の肖像又は自己の氏名若しくは名称若しくは著名な雅号、芸名若しくは筆名若しくはこれらの著名な略称を普通に用いられる方法で表示する商標

二　当該指定商品若しくはこれに類似する商品の普通名称、産地、販売地、品質、原材料、効能、用途、形状、生産若しくは使用の方法若しくは時期その他の特徴、数量若しくは価格又は当該指定商品に類似する役務の普通名称、提供の場所、質、提供の用に供する物、効能、用途、態様、提供の方法若しくは時期その他の特徴、数量若しくは価格を普通に用

いられる方法で表示する商標

三　当該指定役務若しくはこれに類似する役務の普通名称、提供の場所、質、提供の用に供する物、効能、用途、態様、提供の方法若しくは時期その他の特徴、数量若しくは価格又は当該指定役務に類似する商品の普通名称、産地、販売地、品質、原材料、効能、用途、形状、生産若しくは使用の方法若しくは時期その他の特徴、数量若しくは価格を普通に用いられる方法で表示する商標

四　当該指定商品若しくは指定役務又はこれらに類似する商品若しくは役務について慣用されている商標

五　商品等が当然に備える特徴のうち政令で定めるもののみからなる商標

六　前各号に掲げるもののほか、需要者が何人かの業務に係る商品又は役務であることを認識することができる態様により使用されていない商標

商標的使用でない商標か？

このうち、判断が難しいのは「商標的使用でない商標」に該当するかどうかです。「商標的使用でない商標」には、商標権の効力が及びません。「商標的使用」とは、商品または役務との関係において商標の機能を発揮させる行為をいいます。

例えば、化粧水の瓶や包装箱に「child island」のロゴマー

クをプリントしたり、自社の広告文やテレビコマーシャルなど
で目立つ形で「child island」と表記したりするのは、商標的
使用に該当します。これらは商標の「自他識別機能」（第2章
第1節）を通じて、自社商品の出所を表示し、品質を保証する
ための機能を発揮させる態様での使用だからです。

　一方で、例えば各社の化粧水を紹介する雑誌の記事やSNS
の投稿などで「child island」という商品名が記載されていても、
それは商標的使用には該当しません。

　過去の裁判例では、ぶどうが入った段ボール箱に「巨峰」と
記載されていても、それは箱の中身についての商標の使用であ
って、段ボール箱についての商標の使用には当たらない、との
判断が示されています。

　また、登録商標が付された空インクボトルに第三者がインク
を充填して販売する行為は、その登録商標がインクの取引にお
いて出所表示の機能を果たすことから商標的使用に該当し、よ
って商標権侵害になるとされています。

　さらに、指定商品に貼られた登録商標を第三者が勝手に剥が
して別の商標を貼って流通させる行為は、登録商標の機能を
「抹殺」（判決文ではこの強い言葉が使われています）するもの
であるので、商標権侵害になると判断されています。

判定制度を利用する

　以上の検討の結果、相手方の商標の使用行為が、「正当な権

原または理由なき第三者による、登録商標または類似商標の指定商品・役務または類似商品・役務についての使用」に該当すると確信できれば、その行為は権利侵害であると判断できます。

なお、この判断に確信が持てない場合は、特許庁の「判定制度」を利用することも検討に値します（商標法第28条）。特許庁に判定を請求すると、高度な専門性を有する3名の審判官が、中立・公平な立場から権利侵害の有無を判断してくれます。判断結果（判定）は最短3か月で得ることができます。

権利侵害について肯定的な判定が得られた場合、その判定に法的拘束力はありませんが、特許庁の公式見解として、相手方に対し強力なプレッシャーを与える効果的な手段となり得ます。判定請求の費用は1件4万円ですが、権利侵害によって自社が被る損失額を考えれば極めて安価と言えるでしょう。

> **第二十八条　商標権の効力については、特許庁に対し、判定を求めることができる。**
> **2　特許庁長官は、前項の規定による求があつたときは、三名の審判官を指定して、その判定をさせなければならない。**
> **（以下略）**

このように権利侵害を発見した場合、次に商標権者がとるべきアクションとして、警告書の送付については第2節で、侵害訴訟の提起については第3節で、水際措置などについては第4節で、それぞれ詳しく解説します。

第2節　警告書で迅速に決着する

　自社の商標権を侵害された場合は、迅速な対応が不可欠です。その手段として有効なのが「警告書」の送付です。警告書は、相手方に権利侵害の事実を指摘し、法的措置の可能性を示唆しつつ、訴訟に至ることなく早期解決を図るためのものです。

　本節では、警告書によって権利侵害の決着を迅速に図る方法について解説します。

警告書の目的と必須記載事項

　警告書の主な目的は、以下の3点です。

　第1に、権利侵害行為を即時に停止させることであり、これが最大の目的です。具体的には、自社の登録商標と同一または類似する商標の使用停止を求めます。

　第2に、相手方が商標の使用停止を受け入れない場合に、ライセンス契約や権利不行使の約束を自社に有利な条件で締結できるようにすることです。

　そして第3に、訴訟になった場合の証拠として、「警告したのに侵害行為を継続した」という事実を記録として残すことです。

　警告書には特に決まった書式はありません。ただし、上記の目的を達成するために効果的な警告書とするには、少なくとも

以下の４つの記載事項を網羅する必要があります（サンプルを本節の最後に示します）。

第１に、基本情報です。自社の商標登録番号と登録内容、相手方の侵害行為に関する具体的な事実とその証拠を明記します。

第２に、類否判断です。自社の登録商標と相手方が使用する商標が類似していること、および自社の登録商標に係る指定商品・役務と相手方の商標が使用されている商品・役務が類似していることを記載します。ただし、訴訟になった場合に揚げ足を取られないよう、この段階では詳細な理由を記載しすぎない方が無難です。特許庁の判定制度を利用し、権利侵害について肯定的な判定を得ている場合はその旨を記載します。

第３に、要求事項です。侵害行為の即時停止に加え、模倣品の在庫の廃棄、模倣ラベルの製造機などの撤去、模倣品の売上高や取引量などの情報開示（この情報は損害賠償額の推定根拠になります。詳しくは次節）、謝罪広告の掲載などを要求します。要求事項は具体的かつ相手方が実行可能な内容とし、曖昧な表現を避けるべきです。

第４に、回答期限です。10日から１か月程度のデッドラインを設定し、誠意ある回答を要求します。また、期限内に対応しない場合には法的手段を講じる可能性がある旨を示唆することで、既読無視を許さないプレッシャーを与えます。

警告書の名義と送付方法

　警告書の送付者の名義は、相手方との関係を考慮し、商標権者自身の名義にするか、弁理士や弁護士などの代理人名義とするかを検討します。

　代理人名義とすると、本人名義よりも攻撃的な印象を与えやすく、事を荒立てたくない場合には相手方との関係を悪化させるリスクがあります。一方、法律専門家の介在を示すことで相手方に対しより大きなプレッシャーを与える効果が期待できます。

　警告書の送付は、原則として内容証明郵便で行います。いつ、誰から、誰宛に、どのような内容の手紙が差し出されたかを郵便局が証明してくれるので、訴訟になった場合に証拠として利用できるからです。

　相手方との関係によっては、より穏便な方法である口頭、メール、普通郵便などでの警告もあり得ますが、これらは証拠力が弱いため、例外的な手段と考えるべきです。

出願中でも金銭的請求権で警告する

　なお、警告書は、商標登録前の出願中の段階でも商標法に基づいて送付することができます。これを「金銭的請求権」といいます（商標法第13条の２）。商標は模倣されやすいため、商標登録前でも一定の法的保護を与える必要があるからです。

　金銭的請求権の請求内容は、警告後に生じた業務上の損失に相当する金額の支払いとなります。ただし、請求権の行使は商標登録後に限られます。また、商標登録されなかった場合は、金銭的請求権は初めからなかったものとみなされます。

> 第十三条の二　商標登録出願人は、商標登録出願をした後に当該出願に係る内容を記載した書面を提示して警告をしたときは、その警告後商標権の設定の登録前に当該出願に係る指定商品又は指定役務について当該出願に係る商標の使用をした者に対し、当該使用により生じた業務上の損失に相当する額の金銭の支払を請求することができる。(以下略)

不正競争防止法違反に注意

　以上が警告書の送付方法ですが、特に注意すべき点が2つあります。

　第1に、警告書の送付先は、侵害行為をしている相手方だけにとどめるべきです。

　例えば、警告書のコピーを相手方の取引先にばら撒いたり、警告内容を自社のウェブサイトやSNSなどに掲載することはお勧めできません。警告内容が万一事実に反する場合、「虚偽事実の告知・流布」として、かえって自社が不正競争防止法違反に問われ、損害賠償を請求されるリスクがあるからです（不

正競争防止法第2条第1項第21号)。

> 不正競争防止法：第二条　この法律において「不正競争」と
> は、次に掲げるものをいう。
> 二十一　競争関係にある他人の営業上の信用を害する虚偽の
> 事実を告知し、又は流布する行為

炎上リスクに注意

　第2に、警告書の文面は、極力丁寧で慎重な言葉遣いを心がけるべきです。

　例えば、警告書を受け取った相手方の反発心を過度に刺激し、一方的な主張とともに警告書の原文や内容がSNSなどで公開されてしまう可能性を想定する必要があります。もし相手方の意図通りに「炎上」し、「権利を濫用して弱い立場の事業者をいじめている」という印象が定着すれば、たとえ法的には100％自社に理があったとしても、社会的に不利な状況に陥るリスク（レピュテーションリスク：ネガティブな評判や噂が拡散され、企業の信用が低下するリスク）があるからです。

　特に、相手方に熱心なネット上のファンが多くいる場合は、警告書の言葉遣いだけでなく具体的な要求事項も含め、より一層の注意が必要です。

警告書のサンプル

　最後に、株式会社child islandによる警告書の例を示します。以下はあくまでスタンダードな例であり、相手方との関係により、例えばタイトルを「お知らせ」などとし、要求事項を絞る場合もありえます。

　株式会社模倣商会
　代表取締役　模倣太郎殿

警告書

　拝啓　時下益々ご清栄のこととお慶び申し上げます。

　私は、株式会社child island（以下、「当社」といいます）代表取締役の児嶋秀平と申します。
　当社は、当社の製造・販売に係る化粧水について、商標「child island」（以下、「当社商標」といいます）を使用しております。
　当社商標について、当社は商標登録を受けており（登録第○○○○○○○号）、商標権（以下、「当社商標権」といいます）を所有しております。

　このたび、当社は、貴社が商標「チャイルドアイランド」

（以下、「貴社商標」といいます）を、口紅について使用されている事実を確認しました（詳細は、別添資料を参照）。

　貴社商標は当社商標と類似しており、これを化粧水に類似する商品である口紅等に使用される場合には、消費者において出所の混同を生じさせます。

　したがって、貴社が貴社商標を口紅について使用される行為は、商標法第37条第１号により、当社商標権の侵害行為に該当します。

　以上を踏まえ、当社は貴社に対し以下の事項を要求いたします。

　1）口紅についての貴社商標の即時使用停止

　2）貴社商標を使用する口紅のすべての在庫の廃棄

　3）貴社商標のラベルを製造する装置の除却

　4）貴社商標を使用する口紅の売上高の報告

　5）謝罪広告の新聞及び貴社ウェブサイトへの掲載

　6）今後とも貴社商標を口紅を含む化粧品全般に使用しない旨の誓約書の提出

　つきましては、上記要求に対する回答を、本書到達後10日以内に、当社宛に書面にてご送付いただきますようお願い申し上げます。

　なお、上記期間内に誠意ある回答を得られない場合には、当社としてはやむを得ず法的措置を検討せざるを得ないこ

とを申し添えます。

敬具

令和○年○月○日

株式会社 child island

代表取締役社長　児嶋秀平

第3節　侵害訴訟で最終決着する

　相手方に警告書を送ったものの、期限内に誠意ある回答がない場合には、法的手段として「侵害訴訟」を検討します。

　侵害訴訟は、審決取消訴訟（第4章第5節）とは異なり、原則として相手方の本社所在地を管轄する地方裁判所に提起します。主な請求内容は、差止請求と損害賠償請求です。

権利侵害の停止を求める

　権利侵害を受けた（または受けるおそれがある）商標権者は、差止請求権に基づき、侵害の停止や予防に加え、侵害行為に用いられた商品の廃棄などを請求することができます（商標法第36条）。

> 第三十六条　商標権者又は専用使用権者は、自己の商標権又は専用使用権を侵害する者又は侵害するおそれがある者に対し、その侵害の停止又は予防を請求することができる。
> 2　商標権者又は専用使用権者は、前項の規定による請求をするに際し、侵害の行為を組成した物の廃棄、侵害の行為に供した設備の除却その他の侵害の予防に必要な行為を請求することができる。

無効理由はあらかじめ解消しておく

　裁判では、被告（相手方）は、原告（商標権者）の商標登録に無効理由があることを主張し、「権利行使制限の抗弁」を用いる可能性があります（商標法第39条が準用する特許法第104条の３）。

> **特許法：第百四条の三　特許権又は専用実施権の侵害に係る訴訟において、当該特許が特許無効審判により（中略）無効にされるべきものと認められるときは、特許権者又は専用実施権者は、相手方に対しその権利を行使することができない。**

　さらにこの場合、被告は侵害訴訟と並行して、特許庁に対して無効審判（第４章第４節）を請求する可能性があります。裁判で権利行使制限の抗弁が認められるか、または無効審判で商標登録が取り消されて商標権が消滅するか、少なくともどちらか一方が成功すれば、「訴えには理由がない」として棄却判決（被告側の勝訴）が下されるからです。被告によるこの訴訟戦術を、「ダブルトラック」といいます。

　したがって、侵害訴訟を提起する場合は、自社の商標登録に無効理由がないことを慎重に確認し、もし心当たりがある場合はあらかじめ解消しておくべきです。

仮処分を申し立てる

　侵害訴訟の判決が下されるまで待っていては原告が権利侵害による重大な被害を受けるおそれがある場合、訴訟の提起と同時に「仮処分の申立て」を行うことができます。裁判所がこれを認めた場合、数か月以内に被告に対して差止めの仮処分命令が発令されます。

　ただし、仮処分の申立てには損害額に応じた担保が必要であり、敗訴した場合、その担保は返還されません。この点を踏まえて申し立てを行うかどうかを判断すべきです。

過失の推定と損害額の推定

　さらに、権利侵害が被告の故意または過失によるものである場合、商標権者は損害賠償を請求することができます（民法第709条）。

> 民法：第七百九条　故意又は過失によって他人の権利又は法律上保護される利益を侵害した者は、これによって生じた損害を賠償する責任を負う。

　通常の民事訴訟では、被告の故意・過失を原告が立証する必要があります。しかし、侵害訴訟では、被告が反証（自分に故意・過失がなかったことの証拠）を挙げない限り故意・過失が

推定されます。これを「過失の推定」といいます（商標法第39条が準用する特許法第103条）。

　また、侵害訴訟では、原告の損害額を、譲渡数量、利益額、またはライセンス料に基づき算定する「損害額の推定」が認められています（商標法39条が準用する特許法第102条）。

> 特許法：第百三条　他人の特許権又は専用実施権を侵害した者は、その侵害の行為について過失があつたものと推定する。
>
> 特許法：第百二条　（前略）その者がその侵害の行為を組成した物を譲渡したときは、次の各号に掲げる額の合計額を、特許権者又は専用実施権者が受けた損害の額とすることができる。（以下略）
>
> 2　（前略）その者がその侵害の行為により利益を受けているときは、その利益の額は、特許権者又は専用実施権者が受けた損害の額と推定する。
>
> 3　（前略）その特許発明の実施に対し受けるべき金銭の額に相当する額の金銭を、自己が受けた損害の額としてその賠償を請求することができる。

　「過失の推定」と「損害額の推定」に関する規定は、いずれも原告である商標権者の立証負担を軽減するものです。特に、中小企業・スタートアップのようにリソースが限られる事業者にとっては、権利侵害者との紛争解決において有力な武器となります。

第4節 | 税関・警察の力を借りる

　第2章第6節では、商標登録で得られるメリットの一つとして、「税関による輸入差止制度」を紹介しました。この制度は、知的財産権を侵害する物品全般に適用されますが、主に商標権侵害対策として有効に機能しています。

　本節では、商標権者が税関に輸入差止を申立てる方法について解説します。

模倣品の入手と事前相談

　自社の商標権を侵害する商品が海外から国内に流入していることを察知した場合、まず行うべきことは、その模倣品を入手することです。模倣品に付された商標を仔細に観察し、類否判断（第3章第5節）を行うとともに、輸入者、販売者、差出人（郵送の場合）などの情報を把握するためです。

　類否判断の結果、権利侵害が認められる場合は、自社の所在地を管轄する税関に「事前相談」を行います。税関の知的財産調査官に対し、自社商標の登録番号および商標公報と、自社商品および模倣品を提示して商標権侵害の事実を説明すれば、正式な申立手続のサポートを受けることができます。

輸入差止申立に必要な書類

　輸入差止の申立に必要な書類は5つあります。

　第1に、輸入差止申立書です。税関の専用ページ（「輸入差止申立書　様式」で検索*）から、「C-5840」のフォーマットをダウンロードし、必要事項を記入して作成します。

（＊）https://www.customs.go.jp/mizugiwa/chiteki/pages/j_001.htm

　第2に、商標登録原簿の謄本です。特許庁に請求して入手します（第4章第7節）。

　第3に、商標公報の写しです。J-PlatPatの自社の商標登録のページの「公報表示」にアクセスして入手します。ここまでは簡単に準備できます。

　第4に、侵害の事実を説明する資料です。自社商品と模倣品の商標を比較し、類似すると判断した理由を説明します。

　第5に、識別ポイントに係る資料です。自社商品と模倣品を税関職員が見分けるポイントとなる特有の表示、形状、包装などを、写真や図解を用いて説明します。第4および第5の資料は、可能な限り具体的かつ詳細に作成することが重要です。

　提出された申立書類は、必要に応じ弁理士、弁護士、学者から構成される専門委員会の意見を経て、最終的に税関長が認定します。税関長の認定が下されると、全国の税関に情報が共有され、模倣品の国内流入が遮断される仕組みです。

実質的違法性が阻却される場合

　ただし、並行輸入品には注意が必要です。「並行輸入」とは、日本の商標権者やライセンスを受けた正規代理店以外の事業者が、日本の登録商標と同一の商標が付された真正品を海外で仕入れて、輸入する行為をいいます。

　このような輸入行為は、登録商標の使用に該当するため（商標法第2条第3項第2号）、原則として商標権侵害に該当します。

> 　3　この法律で標章について「使用」とは、次に掲げる行為をいう。
> 　二　商品又は商品の包装に標章を付したものを譲渡し、引き渡し、譲渡若しくは引渡しのために展示し、輸出し、輸入し、又は電気通信回線を通じて提供する行為

　しかし、最高裁判所は以下の3条件をすべて満たす場合は商標権侵害にならないとの判決を示しています。

　第1に、その商標が外国の商標権者により適法につけられたものであること。

　第2に、外国の商標権者と日本の商標権者が同一人または同視できる関係にあり、その商標が日本の登録商標と同一の出所を表示するものであること

　第3に、日本の商標権者が商品の品質管理を行える立場にあり、その商品が日本で登録商標をつけた商品と品質において実

質的差異がないこと。

　判決では、この条件を満たす場合は、登録商標の出所表示機能や品質保証機能が損なわれないため、「実質的違法性が阻却される」（形式的には違法だが、実質的には違法ではない）と判断されました。なお、この判決は、英国の有名アパレルブランド「FRED PERRY」に関するものです。

警察も助けてくれる

　悪質な模倣品の流通に対しては、警察の力を借りることも可能です（第2章第2節）。もっとも、警察のリソースにも限りがあるため、すべての被害届や告訴が積極的な捜査対象になるわけではありません。しかし、商標権侵害に対して刑事手続という選択肢があることは覚えておくべきです。

　例えば、2017年には、東京オリンピック・パラリンピックの文字商標「ＴＯＫＹＯ２０２０」を無断で使用したピンバッジを販売目的で所持していた人物が、警視庁によって商標法違反で逮捕されています。

　税関や警察の力を借りることで模倣品の流通を止めることは可能ですが、侵害訴訟のような民事手続とは異なり、被害額の回復までは期待できません。しかし、税関も警察も無料の公的サービスであるため、正しく納税している中小企業・スタートアップであれば、積極的に活用を検討すべきです。

　かつて警察組織に身を置いたこともある筆者だからこそ断言

できますが、税関や警察の第一線で法執行を担う職員は、ほぼ全員が高い誇りとモラル、そして強い使命感を持っています。彼らの協力を得ることは、企業の模倣品対策において大きな力となるでしょう。

第5節 ▎権利を失うミスをしない

　前節までは、他人からの権利侵害に対し、自社の商標権をどのように守るかについて説明してきました。これとは別に、自社の不注意によって商標権を失ったり、無力化してしまうことがあります。特にありがちなミスは、更新時期の失念、登録商標の不使用、そして登録商標の普通名称化の３つです。

　本節では、このようないわば「オウンゴール」を避けるための注意点を解説します。

更新時期の失念

　商標権の存続期間は10年間ですが、すでに説明した通り、何度でも半永久的に無審査で更新することが可能です。更新する場合は、商標登録日から10年後の満了日の６か月前から満了日までの間に、特許庁に更新登録料を納付する必要があります。

　この期間内に納付できなかった場合でも、満了日から６か月以内であれば、更新登録料の２倍の金額を納付することで更新が可能です。これを「追納」といいます。しかし、追納できる期間内にも納付しなかった場合、商標権は満了日にさかのぼって消滅します。

　例えば、商標登録日が2025年８月１日の場合、満了日は2035年８月１日です。したがって、更新登録料は2035年２月１日か

ら8月1日までの半年間に納付しなければなりません。

　この期間を逃した場合、追納できる期間はさらに半年後の2036年2月1日までなので、もしそれまでに追納しなければ、商標権は2035年8月1日に遡って消滅してしまいます。

リマインダーを設定する

　もちろん、失った商標権は、同じ商標をあらためて出願し、審査を経て商標登録すれば回復できます。しかし、実際には商標権を失ったことにすら気づかず、大切なブランドを無防備な状態に晒し続けるケースも少なくありません。

　10年という時間は、人が重要なことを忘れてしまうには十分な長さです。10年後には経営者自身が交代している場合もあるでしょう。そのため、大切な商標権を更新時期の失念で失わないよう、商標登録を行ったらすぐ、10年後のリマインダーを社内で設定しておくべきです。

　リマインダーは複数設定しておくのが望ましいでしょう。民間の各種リマインダーアプリに加え、特許庁の無料通知システム（「特許料支払期限通知サービス」で検索*）も活用できます。商標登録番号と会社のメールアドレスを登録しておけば、満了日の5か月前にリマインドメールが届きます。

（＊）https://www.rpa.jpo.go.jp/rpa-web/GP0101

登録商標の不使用

　登録商標を継続して３年以上日本国内で使用していない場合、その商標を登録して使用したい他人から不使用取消審判（第３章第５節）を請求されるリスクが発生します。

　審判において、商標権者側が登録商標を過去３年以内に指定商品・役務について一度でも使用していることを証明できれば、商標登録は取り消されません。しかし、証明できなければ商標登録は取り消され、商標権は消滅してしまいます。

　このリスクを回避するためには、商標登録を行ったら、登録商標を指定商品・役務の商標として確実に使用するとともに、使用した証拠を日付が確認できる写真や取引書類、ウェブサイトの印刷物などの形で定期的に残しておくべきです。

類似商標のみの使用はＮＧ

　よくあるミスとして、商標登録から一定期間が経過した後に登録商標のデザインなどを修正し、修正後の類似商標のみを使用し続けてしまうケースが挙げられます。類似商標の使用では、登録商標の使用とは認められません。

　ただし、色彩のみが異なる「色違い類似商標」の使用は、登録商標の使用とみなされます（第３章第６節）。

社会通念上同一ならＯＫ

　さらに、使用している商標が登録商標と完全に同一でなくても、「社会通念上同一」であれば、登録商標の使用と認められます。「社会通念上同一」とは、①書体のみを変えた同一の文字からなる商標、②ひらがな・カタカナ・ローマ字の文字の相互変換であって同一の称呼および観念を生ずる商標、③外観において同視される図形からなる商標などをいいます（商標法第38条第5項）。

　したがって、例えば登録商標が「child island」である場合、使用している商標が「ちゃいるどアイランド」であれば、不使用取消審判においては上記②の要件を満たし、登録商標の使用と主張できます。ただし、「ちゃいるどアイランド」は登録商標ではないので、Ｒマークを付すことはできません。

> 5　（前略）登録商標（書体のみに変更を加えた同一の文字からなる商標、平仮名、片仮名及びローマ字の文字の表示を相互に変更するものであつて同一の称呼及び観念を生ずる商標、外観において同視される図形からなる商標その他の当該登録商標と社会通念上同一と認められる商標を含む。第五十条において同じ。）（以下略）

登録商標の普通名称化

「登録商標の普通名称化」とは、登録商標がその指定商品・役務の一般的な名称として広く使用されるようになり、その結果、識別力を失うことをいいます。

例えば、「エスカレーター」「バンドエイド」「セロテープ」などは、いずれも普通名称化した登録商標です。

登録商標が普通名称化しても商標権は消滅しませんが、他人がその商標を使用しても商標権の効力が及ばなくなります（商標法第26条第1項第2号および第3号）。その結果、商標権者である実質的な権利が弱まってしまいます。

> 第二十六条　商標権の効力は、次に掲げる商標（中略）には、及ばない。
> 二　当該指定商品若しくはこれに類似する商品の普通名称（中略）を普通に用いられる方法で表示する商標
> 三　当該指定役務若しくはこれに類似する役務の普通名称（中略）を普通に用いられる方法で表示する商標

普通名称化を防ぐには

登録商標の普通名称化は、これまで存在しなかったカテゴリーの新商品が生み出された場合に、そのネーミングについて起

こりがちです。したがって、画期的な発明を行う研究開発型の
スタートアップなどは、商標管理が後回しになりがちなことも
相まって、特に注意が必要です。

　登録商標の普通名称化を防ぐための対策は、主に以下の3点
です。

　第1に、Rマークなどの商標登録表示によって、それが登録
商標であることを公に明示することです（第2章第5節）。

　第2に、他人による登録商標の無断使用を放置せず、すみやか
かに警告書を送り（第5章第2節）、必要に応じ法的措置を講
ずることです（第5章第3節）。

　第3に、辞書や用語集などに登録商標が一般名詞として記載
された場合も放置せず、確実に抗議を行うことです。ただし、
商標権者は自己の登録商標を辞書に載せる行為に対して差止請
求をすることはできないと解されています。したがって、辞書
を発行する出版社に抗議を行ったら、次の版には掲載されない
ように監視すべきです。

　本節で述べたような商標権を失いかねない事態を回避するた
めには、適切な対策を継続的に実施することが不可欠です。

　そこで、その具体的な手段として、本来は災害対策として用
いられるBCP（事業継続計画）を活用することを提案します。
次節では、BCPに商標戦略を組み込む方法について解説しま
す。

第6節 ＢＣＰに商標を組み込む

　ＢＣＰ（Business Continuity Plan：事業継続計画）は、企業が災害など不測の緊急事態に直面した際に、事業の継続性を確保するために策定する計画です。

　もともとＢＣＰは、主に地震や風水害、大規模火災などを想定していましたが、その対象は自然災害に限りません。コロナ禍を経て、感染症のパンデミックもＢＣＰに組み込まれるようになりました。このような背景から、ＢＣＰは大企業だけでなく中小企業にも徐々に普及しつつあります。

　筆者はかつて中小企業庁において、中小企業の災害対策を担当する室長として、全国の中小企業にＢＣＰの策定を促す立場にありました。本節では、当時の知見と現在の弁理士としての知見を融合し、ＢＣＰに商標の視点を組み込むことを提案します。商標権侵害による社名や主力商品・サービスのブランド価値の毀損は、中小企業・スタートアップの事業継続にとって、災害レベルの深刻な影響を与えかねないからです。

　以下、まずはＢＣＰの概要と意義から説明を始めます。

ＢＣＰの７つの構成要素

　ＢＣＰは企業が被災することを前提としており、被災後の事業継続と早期復旧の手順を主に規定する点が、通常の防災計画

とは異なります。したがって、ＢＣＰに必須の構成要素は以下の7点です。

第1に、想定災害です。自社が被災する可能性のある災害を特定し、被害の程度を想定します。

第2に、中核事業です。企業の存続に関わる最重要事業を選択します。被災しても最低限中核事業だけは極力中断しないように対策を施し、それでも中断した場合には限られた経営資源を集中投入して最優先で復旧するためです。

第3に、重要資源です。中核事業を継続するために必要なヒト・モノ・カネ・情報のうち、何が中核事業の復旧のボトルネックとなるのかを特定します。

第4に、目標復旧時間です。中断した中核事業を復旧できなければ廃業に至るデッドラインを設定します。

第5に、事前対策です。中核事業を中断しないために平時に講ずる対策です。取引先や顧客との関係づくり、調達や生産の代替手段の確保などが主な内容です。

第6に、初動対応です。被災した直後に最低限必要となる応急対応手順です。

第7に、復旧対応です。中断した中核事業を早期復旧するための対応手順です。

以上の7点をＢＣＰの中であらかじめ規定し、全社員に周知徹底することで、いざ災害の本番においても冷静に対処できる可能性が高まります。

ＢＣＰの導入効果

　図5-6-1をご覧ください。この模式図は、ＢＣＰの導入効果を示しています。縦軸が操業度、横軸が時間の経過を表します。縦軸の操業度100％のところから右に伸びるラインが、平時の状態です。

　企業が災害などの緊急事態に遭遇すると、操業度が100％から大きく落ちます。何の備えもしていない企業は操業度がゼロとなり、一番下の０％のラインをたどります。その結果、混乱と絶望と思考停止の中で時間だけが無為に経過し、復旧が遅れ、たとえ再開できても事業縮小に至る可能性が高まります。

■**図5-6-1　ＢＣＰの導入効果**

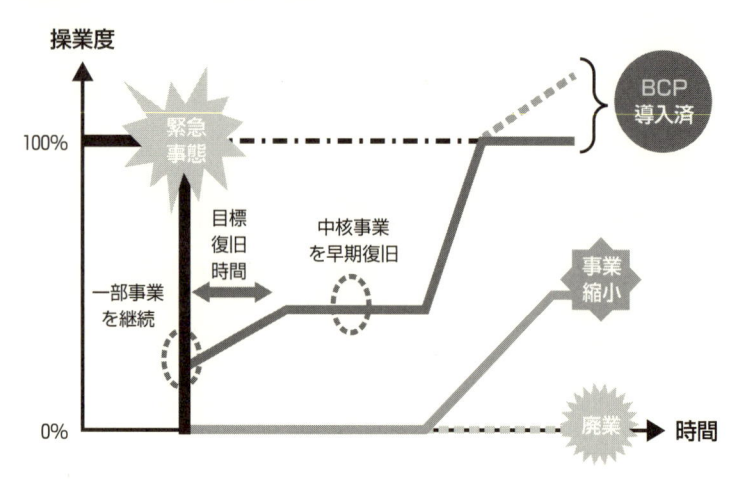

出典）中小企業庁「中小企業ＢＣＰ策定運用指針」（https://www.chusho.meti.go.jp/bcp/）

　さらに最悪の場合、復旧に取りかかる前に資金繰りが持たなくなり、操業度０％の点線をたどり続け、そのまま廃業に至ることもあります。そのような悲劇を、筆者は役人時代に数多く目の当たりにしてきました。

　これに対し、ＢＣＰを導入している企業であれば、緊急事態に遭遇しても事前対策を講じているため、中核事業の一部は守られ、操業度がゼロにはなりません。そして、図の中央の段階的に右上がりとなるラインのように、あらかじめ定めた初動対応と復旧対応の手順に則り、目標復旧時間以内に中核事業を最優先で早期復旧させることで、まず企業としての存続を守り抜きます。その後、他の事業も順次復旧し、操業度を100％に戻すことができます。

　さらに、こうした危機克服の実績が市場から評価され、結果として、一番上の点線のように右上がりの軌道をたどり、災害前より事業を拡大した企業も実際にありました。このような可能性を少しでも高めることが、企業がＢＣＰを導入する大きな効果なのです。

ＢＣＰは中小企業にこそ必要

　ＢＣＰは中小企業にこそ必要です。大企業に比べて経営資源の限られた中小企業は、災害などによる事業中断が、そのまま廃業や倒産に直結するケースが少なくないからです。さらに、主に中小企業によって構成される重要物資のサプライチェーン

の停止は、日本の経済安全保障上の重大リスクともなり得ます。

　加えて、ＢＣＰは中小企業にこそ適しています。大企業に比べて中小企業は事業の幅が狭く、経営者の裁量が大きいことが多いので、中核事業の特定が容易だからです。また、従業員数が少ない分、策定したＢＣＰを全員に浸透させやすく、訓練や運用も比較的容易に行えます。

ＢＣＰのサンプル

　ＢＣＰの具体的な策定方法については、本書の趣旨を外れるため割愛しますが、中小企業庁の専用ウェブサイト（「事業継続力強化計画」で検索＊）で「事業継続力強化計画策定の手引き」を参照すれば、策定は難しくありません。

（＊）https://www.chusho.meti.go.jp/keiei/antei/bousai/keizokuryoku.html

　また、筆者が経営する特許事務所もＢＣＰを策定済みであり、全文をウェブサイトに公開しています（「児嶋国際特許事務所ＢＣＰ」で検索＊）。中小企業が策定するＢＣＰのサンプルとして参考にしていただければ幸いです。このＢＣＰは、関東経済産業局による事業継続力強化計画の認定を受けています。

（＊）https://www.kojima-ip.com/bcp

ＢＣＰに商標の視点を組み込む

　以上がＢＣＰの概要です。長い前置きとなりましたが、以下、

自然災害を想定して策定された既存のＢＣＰに、新たに商標の視点を組み込む方法について説明します。

まず、想定災害として商標権侵害を位置付けるとともに、登録商標と登録番号を記載します。

次に、事前対策として、市場の警戒監視の方法（本章第1節）、および不注意ミス対策（第5節）を記載します。また、新商品・新サービスをリリースする際は、必ず事前に商標出願するという方針も記載すべきです。

次に、初動対応として、権利侵害を発見した場合の警告書の送付（第2節）について記載します。

最後に、復旧対応として、侵害訴訟（第3節）、および税関・警察との連携（第4節）を、自社の事業内容を踏まえ必要に応じて記載します。いずれも、実際に権利侵害が発生した場合を想定し、対応手順をできる限り具体的に記載すべきです。

こうしてＢＣＰに商標の視点を組み込むことで、商標戦略を経営者だけの課題ではなく、全社的な最重要経営戦略の一つとして位置付けることができます。

その結果、中小企業・スタートアップは、権利侵害によるブランド価値へのダメージを最小限に抑えることが可能となるはずです。

第5章のまとめ（獲得した商標権は死守すべし）

第1節：権利侵害を警戒監視する

　商標権者は権利侵害に対して敏感であることが求められます。模倣ブランドを常に警戒し市場を監視することが大切です。インターネットのチェック、取引先や顧客に対する通報の呼びかけも有効です。商標権の侵害に該当するか否かは、商標の類否判断に加え、相手方の正当な権原または理由の有無で判断します。特に、商標的使用の判断は重要です。判定制度の利用も検討に値します。

第2節：警告書で迅速に解決する

　権利侵害に迅速に対応する手段として有効なのが、警告書の送付です。目的は侵害行為の即時停止です。警告書には、基本情報、類否判断、要求事項、回答期限を明記します。名義と送付方法は、相手方との関係に応じて検討します。商標登録前でも、金銭的請求権に基づき警告できます。リスクを避けるため、警告書の送付は相手方だけにとどめ、丁寧な言葉遣いを心がけるべきです。

第3節：侵害訴訟で最終決着する

　警告書に誠意ある回答がない場合、侵害訴訟を検討します。原告である商標権者は、侵害の停止を要求できます。

これに対し、被告は権利行使制限の抗弁を用いたり、無効審判を請求する可能性があります。したがって、自社の商標登録に無効理由がないことの再確認が必要です。損害賠償請求では、原告は過失の推定と損害額の推定によって立証負担が軽減されます。

第4節：税関・警察の力を借りる

商標権者は税関に対し、輸入差止を無料で申立てることができます。まず模倣品を入手して類否判断を行った上で税関に事前相談を行います。次に、輸入差止申立書、商標登録原簿の謄本、商標公報の写し、侵害の事実を説明する資料、識別ポイントに係る資料を提出します。並行輸入は権利侵害にならない場合もあります。悪質な模倣には、警察の力を借りることもできます。

第5節：権利を失うミスをしない

商標権は自社の不注意によって失われたり、無力化してしまうことがあります。登録日から10年後の更新期間を失念しないよう、リマインダーを複数設定すべきです。不使用取消審判を請求されないよう、登録商標を確実に使用し、その証拠を残しておくべきです。登録商標の普通名称化を防ぐため、Ｒマークを明示し、無断使用や辞書への記載を放置せず対応することが重要です。

第6節：ＢＣＰに商標を組み込む

　ＢＣＰ（事業継続計画）に商標の視点を組み込むことを提案します。想定災害として商標権侵害を位置づけ、事前対策として警戒監視（第１節）および不注意ミス対策（第７節）を、初動対応として警告書（第２節）を、復旧対応として侵害訴訟（第３節）および税関・警察との連携（第４節）を記載します。ＢＣＰにより、商標戦略は全社的な最重要経営戦略になります。

第 **6** 章

より高度な商標戦略にも 挑戦しよう

第1節　マドプロ出願による「ワールド戦略」

基本的な商標戦略の要諦

　前章までで、商標登録を中心とする基本的な商標戦略のノウハウはすべて語り尽くしました。あらためて要約すると、中小企業・スタートアップにとっての基本的な商標戦略の要諦は、以下の4点です。

　第1に、自社の商標は極力早く出願すること（第1・2章）

　第2に、出願においては事前準備を怠らないこと（第3章）

　第3に、審査においては簡単にあきらめないこと（第4章）

　第4に、商標登録後は権利侵害を放置しないこと（第5章）

　本章では、基本的な商標戦略をマスターした中小企業・スタートアップがさらに次のステージに飛躍するための、より高度な商標戦略を実行する方法を紹介します。

　まず本節では、マドプロ出願の活用による「ワールド戦略」について解説します。

マドプロ出願をオンラインで行う

　中小企業・スタートアップが海外市場に進出する際には、進出先の国で自社ブランドを守ることが不可欠です。そのため、

日本での商標登録を基礎とする「マドプロ出願」を行うのが適切です。

　マドプロ出願は、日本の特許庁に英語で一度出願するだけで、複数の指定国において同時に商標出願をしたとみなされる国際制度です（第1章第6節）。

　マドプロ出願は、すべてオンラインで行うことができます。国内出願のような専用ソフト（インターネット出願ソフト：第4章第2節）をダウンロードする必要もありません。

　ただし、手続は少々複雑で説明も不親切なため、初めて出願する場合は途中でくじけそうになるかもしれません。しかし、以下の手順で進めれば必ず完了できるので、安心してください。

ＷＩＰＯアカウントを取得する

　まず、ＷＩＰＯ（世界知的所有権機関）のアカウントを無料で取得するため、特許庁の専用ウェブサイト（「特許庁 Madrid e-Filing」で検索*）にアクセスします。

（＊）https://www.jpo.go.jp/system/trademark/madrid/wipotouser/wipo_madrid_efiling.html

　次に、その画面上で、「1．ＷＩＰＯアカウントの作成」の「アカウント作成はこちら（外部サイトへリンク）」をクリックして、ＷＩＰＯウェブサイト画面に移動します。

　ＷＩＰＯウェブサイト画面の右上の「IP Portal login」をクリックすると、「Welcome to WIPO」画面に移動します。「Welcome to WIPO」画面の一番下にある「Create WIPO

Account」をクリックすると、アカウント作成画面に到達します。

図6-1-1は、アカウント作成画面右上の「English」を「日本語」に変換したものです。ここに、必要事項をアルファベットで記入し、パスワードを設定してアカウントを取得します。

■図6-1-1　ＷＩＰＯアカウント作成画面

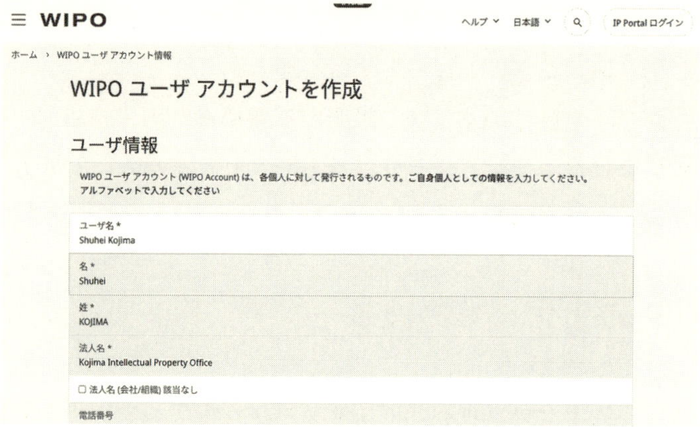

Madrid e-Filingにログインする

次に、特許庁を経由してWIPOの「Madrid e-Filing」のページにログインします。まず、上記の「特許庁の専用ウェブサイト」に戻り、「WIPO　Madrid e-Filing(外部サイトへリンク)」をクリックすると、「WIPOへようこそ」の画面に移動します。

ここで、先ほど取得したWIPOアカウントのユーザ名とパスワードを入力してログインすると、「Madrid e-Filing」のウェ

ブサイトに入れます。**図6-1-2**は、この画面右上の「English」
を「日本語」に変換したものです。

■図6-1-2　「Madrid e-Filing」画面

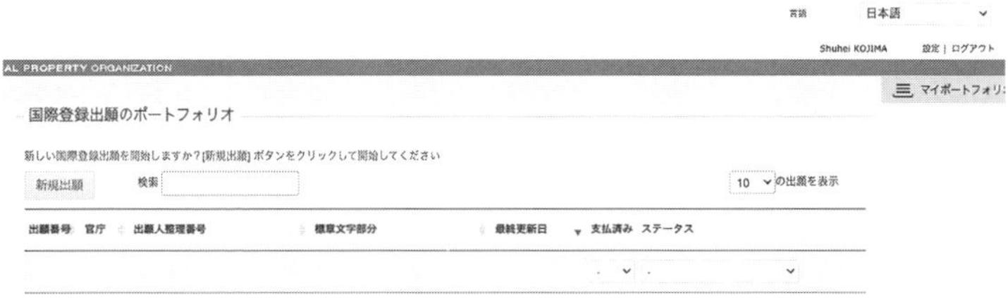

出願画面に移動する

　この画面の左端の「新規出願」をクリックすると、**図6-1-3**
の出願画面に移動します。この画面の右下の「基礎出願又は登
録のインポート」をクリックし、日本の登録商標の登録番号を
入力することで、マドプロ出願の基礎登録を設定します。その
後、画面右上の「指定国」をクリックし、指定国選択画面に移
動します。

指定国を選択する

　図6-1-4が、指定国選択画面です。ここで、商標権を取得し
たい国にチェックを入れます。欧州については、各国ごとに指

■図6-1-3　出願画面

定することも「欧州連合」を指定することもできます。欧州連合を指定した場合、加盟27か国すべてに有効な商標権を取得できるメリットがありますが、1国でも先行商標が見つかると全体が拒絶されるリスクがあります。指定国が増えるほど、後述

■図6-1-4　指定国選択画面

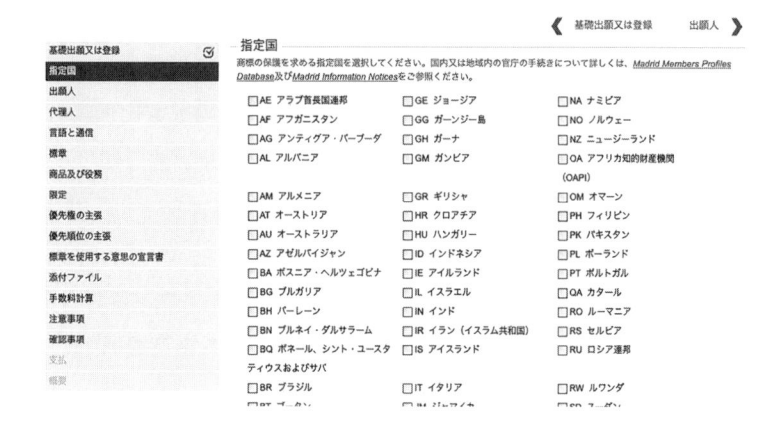

する料金（個別手数料）がどんどん膨らみますので、本当に必要な国のみを指定すべきです。

　指定国を選択したら、画面右上の「出願人」をクリックして、「出願人」画面に進みます。記入は英語で行います。以降も同様に必要事項を記入したら右上の「代理人」などをクリックして、次の画面に進んでいきます。記載に不備がある場合はシステムが日本語で指摘してくれ、不備が解消されるまで次の画面には進めません。このため、指摘に従い我慢強く進めていきます。

指定商品・役務を限定する

　図6-1-5は、「限定」画面です。アメリカ合衆国（米国）を指定した場合、米国市場で実際に使用する指定商品・役務のみに限定する必要があります。限定は、原則としてシステムが自動翻訳した指定商品・役務の一部にチェックを入れることで行いますが、さらに限定できる場合は、画面右下の「別の限定を追加」をクリックして、より具体的に記載した指定商品・役務を英語で記入します。限定の必要がなければ、この画面はスキップします。

優先権の主張・使用意思宣言書

　次の「優先権の主張」の画面は、原則としてスキップします。

■図6-1-5　限定画面

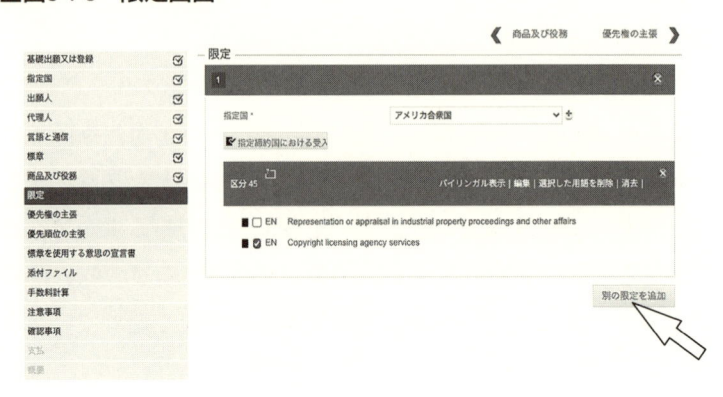

「優先権の主張」とは、例えば日本の商標出願を基礎とし、米国を指定してマドプロ出願をする場合に、日本の出願日から6か月以内であれば、米国の出願日を日本の出願日と同日とみなして審査してもらえる制度です。日本の出願日から米国の出願日までの間に、第三者が同一または類似する商標を米国に出願しても、その第三者の商標は先行商標にならないというメリットがあります。

　しかし、第1章第6節で述べたように、日本の出願が拒絶された場合、それを基礎とするマドプロ出願も無効となるため、基礎出願を利用する方法にはリスクがあります。したがって、現地でよほど切迫した事情がない限り、まず日本で商標登録を完了し、それを基礎登録としてマドプロ出願をする方が安全です。この場合は優先権を主張できないため、「優先権の主張」とその次の「優先順位の主張」の画面はスキップします。

　その次の「標章を使用する意思の宣言書」は、米国を指定した場合のみ提出が必要となります。その登録商標を本当に米国内で使用しなければ、偽証罪に問われる可能性があることを出願人が理解しているという内容です。米国特許庁は自国の商標制度に基づいて、実際に使用されない登録商標に対して厳しい対応をとる傾向にあります。なお、この宣言書への署名は手書きではなく、キーボードでできます。

手数料を支払う

　さらに画面を進めると、「手数料計算」の画面になります（**図6-1-6**）。例えば、中国、欧州連合、アメリカ合衆国を指定した場合、手数料総額は2205スイスフラン（約37万円）になることがわかります。この金額が自社にとって多すぎる場合、ここから「指定国」の画面に戻って指定国を変更し、国ごとの「個別手数料」を調整することも可能です。

　なお、後述する補助金制度を利用すれば、自社の費用負担は半額で済みます。個別手数料の調整に際しては、この点も考慮して行うとよいでしょう。

　手数料総額を確認したら、続く「注意事項」と「確認事項」を読み、「支払」画面で手数料をクレジットカードで支払えば、出願手続は完了です。

■図6-1-6　手数料計算画面

拒絶理由通知には追加費用がかかる

　出願後は概ね次のように進行します。出願から約2か月後に
WIPOで国際登録され、さらに約1か月後に指定国の特許庁
がWIPOから願書を受け取ります。米国特許庁の場合、さら
に約5か月後に審査結果の通知が届きます。したがって、マド
プロ出願から米国の審査結果通知までは、約8か月です。

　審査結果が拒絶理由通知であった場合は、その時点で現地の

弁理士を代理人に指定し、意見書や補正書の提出を依頼する必要があります。その場合は、現地代理人の手数料が追加でかかります。筆者の経験では、ニューヨーク市に事務所を持つ米国人弁理士から請求された手数料は、350ドル（約5万円）でした。なお、審査結果が登録査定であれば、現地代理人への依頼は必要ありません。

　また、マドプロ出願の場合、日本のように登録査定後にあらためて登録料を納付する必要はありません。現地特許庁に納付する登録料は上記の個別手数料に含まれているからです。ただし、審査で拒絶が確定しても個別手数料は原則として返還されません。

先行商標調査もできる

　出願前の先行商標調査は、各登録機関が提供する無料データベースを利用することができます（**図6-1-7**）。中国以外の国では、右欄のデータベース名を検索してアクセスします。

■図6-1-7　商標調査データベース

登録機関	データベース名
WIPO（世界知的所有権機関）	WIPO Gobal Brand Database
USPTO（米国特許庁）	USPTO Trademark Search
EUIPO（欧州特許庁）	EUIPO TM view
CNIPA（中国特許庁）	中国商標網（＊）

（＊）https://sbj.cnipa.gov.cn/sbj/sbcx/

　いずれのデータベースも、操作は難しくありません。商標と区分を入力して、先行商標を検索します。ただし、中国商標網は2024年からユーザー登録が必要になりました。また、いずれのデータベースも日本で出願する場合の先行商標調査に比べて精度は落ちます。商標の類否判断に関する審査基準が各国特許庁で微妙に異なっていることに加え、審査官の判断も国によってかなりのばらつきがあるからです。

　したがって、出願商標に類似するか否かが現地の審査基準に照らして不確かな先行商標が見つかった場合は、①出願を見合わせるか、②拒絶されるかもしれないリスクをとって出願してみるか、さもなくば、③現地の弁理士に手数料を支払って類否判断をしてもらう、といった選択肢を検討する必要があります。

ワールド戦略の実行例

　ワールド戦略を積極的に実行している中小企業の事例として、アスリート向けのサングラスなどを製造・販売する山本光学株式会社（大阪府東大阪市）を紹介します。同社は、模倣品被害が拡大している海外での権利取得を急務と考え、国内登録商標「ＳＷＡＮＳ」を基礎登録とし、12か国を指定してマドプロ出願を行いました[*]。

　また、オリジナルの文房具を製造・販売する株式会社伊東屋（東京都中央区）は、日本の筆記具に対する評価が高い東南アジア諸国でのブランド保護のため、「ＲＯＭＥＯ」などの商標

権を現地で取得しています^(*)。

＊特許庁「事例から学ぶ商標活用ガイド」をもとに筆者加工

中国市場における模倣品との戦い

　第1章第6節で見たように、海外での模倣品被害は中国市場に集中しています。

　中国市場において、権利侵害と果敢に戦っている中小企業の事例として、菊正宗酒造株式会社（兵庫県神戸市）を紹介します。同社は、海外展開にあたり数多くの商標出願を行っていますが、「菊正宗」ブランドなどが冒認出願（盗用などによる不正な出願）された経験から、現在もこのような冒認出願には現地特許庁への不使用取消審判請求で対応しています^(*)。

　また、かゆみ止め薬「ムヒ」を製造・販売する株式会社池田模範堂（富山県上市町）も、中国市場における模倣品に強い態度で臨んでいる中小企業です。同社は中国への輸出品ブランドの「無比滴」を騙る模倣品が中国市場に大量に出回ったことから、これを駆逐するため、現地特許庁への審判請求と現地裁判所への侵害訴訟においていずれも勝利し、模倣品の販売差止と損害賠償を実現しました^(*)。

＊特許庁「事例から学ぶ商標活用ガイド」をもとに筆者加工

補助金制度を活用する

　中小企業の海外進出を支援するため、特許庁とＪＥＴＲＯ（独立行政法人日本貿易振興機構）は、出願費用の２分の１を補助する制度を設けています。対象はマドプロ出願手数料および国内・現地代理人費用で、上限額は60万円です。

　この補助金を利用すれば、例えば上記の手数料総額37万円のケースでは、その２分の１に当たる補助金18万5000円が交付されます。また、総額が120万円を超える場合、補助金は上限額の60万円が交付されます。

　特許庁とＪＥＴＲＯは、海外市場での模倣品対策について、さらに手厚く、費用の３分の２を補助しています。対象は、侵害調査、警告、行政摘発、無効審判、取消訴訟などに要する費用で、上限額は400万円です。東京都や一部の都道府県も、中小企業に対する同様の支援を行っています。

　これらの制度を利用できるのは、中小企業・スタートアップのいわば特権と言えます。補助金の募集は年間数回行われています。募集時期と出願時期のタイミングを合わせるなどして、積極的に活用すべきでしょう。

第2節　地域団体商標による「ローカル戦略」

　商標制度は、一企業のブランド保護に役立つだけではありません。

　本節では、地域の特産品をブランド化することで地場産業の成長を促し、地域経済を活性化する「ローカル戦略」について解説します。

地域団体商標制度

　地域の特産品ブランドの多くは、「地名＋商品・役務の普通名称」という構成をとることが一般的です。このような構成が地域ブランドとして最も効果的であることが、実証的に明らかになっているためです。

　例えば、「淡路島たまねぎ」「松阪牛」「長崎カステラ」「琉球泡盛」「京友禅」「高崎だるま」「鬼怒川温泉」「かっぱ橋道具街」など、全国各地にこのような地域ブランドが存在しています。

　しかし、地名と商品・役務の普通名称を組み合わせた商標は、商標法第3条第1項第3号などに該当し、識別力が認められないため、原則として商標登録を受けることができません（第3章第1節）。

　そこで、このような商標が一定の要件を満たす場合に、地域

経済活性化の観点から例外的に商標登録を認めるため、2006年に創設された制度が「地域団体商標制度」です（商標法第7条の2）。

> 第七条の二　事業協同組合（中略）、商工会、商工会議所（中略）は、その構成員に使用をさせる商標であつて、次の各号のいずれかに該当するものについて、その商標が使用をされた結果自己又はその構成員の業務に係る商品又は役務を表示するものとして需要者の間に広く認識されているときは、第三条の規定（中略）にかかわらず、地域団体商標の商標登録を受けることができる。
>
> 一　地域の名称及び自己又はその構成員の業務に係る商品又は役務の普通名称を普通に用いられる方法で表示する文字のみからなる商標
>
> 二　地域の名称及び自己又はその構成員の業務に係る商品又は役務を表示するものとして慣用されている名称を普通に用いられる方法で表示する文字のみからなる商標
>
> （以下略）

地域団体商標の4要件

地域団体商標制度を適用するための要件は以下の4つです。

第1に、その地域の事業協同組合、商工会、商工会議所など

の団体による出願であることです。中小企業は、所属する団体に商標出願を働きかけることで、自社が取り扱っている地域ブランドを商標登録することが可能です。

　第2に、団体の構成員に使用させる商標であることです。したがって、出願した団体だけが使用し、団体傘下の事業者が使用しないブランドは対象外です。

　第3に、地域の名称と商品・サービスに密接な関連性があることです。地域の名称が商品の生産地であれば、この要件を満たします。

　第4に、一定の地理的範囲の需要者（消費者や取引事業者）の間で、ある程度有名であることです。具体的には、そのブランドが隣接都道府県に及ぶ程度の周知性を獲得していることが必要です。

　地域団体商標を出願する場合は、以上4点を証明する書類を願書とともに提出する必要があります。この中で最もハードルが高いのは、第4の要件（周知性）です。このため、周知性を証明する手段として、先使用権の立証（第1章第3節）と同様に、販売数量や新聞報道などの客観的事実が重視されています。

地域団体商標のメリット

　地域ブランドについて地域団体商標を取得することで、模倣ブランドの排除などの商標登録本来のメリットを得ることができます。

　それ以上に、地域の名物として国のお墨付きをもらったという点をアピールすることで、取引の際の信用力向上や、商品・サービスのブランド力強化につなげることができます。これが、地域団体商標を取得する最大のメリットと言えます。

　地域団体商標のメリットを十二分に享受している例として、戸越銀座商店街（東京都品川区）を紹介します。地域の3つの商店街振興組合が共同で出願し、2022年、「戸越銀座商店街」ブランドで地域団体商標を取得しました。

　商店街一丸となってのブランド活動によって認知度が向上し、現在は1日に1〜2件のメディア取材の申込みを受けています。実際、バラエティ番組の街ブラ企画では、戸越銀座が取り上げられることが多くなりました。

　商店街としては、平日は地域密着型の商店街としての役割を果たしつつ、土日や祝日は全国や海外から観光客が訪れる都市型観光商店街となることを目指しています[*]。

　　　　＊特許庁「地域団体商標ガイドブック〜活用編〜2024」をもとに筆者加工

ローカル戦略で地域貢献を果たす

　特許庁の統計によれば、2024年末時点で、地域団体商標の登録は全国で781件に及んでいます。本節の冒頭に例示した「淡路島たまねぎ」なども地域団体商標として登録されています。781件のうち、最も多い都道府県は京都府の69件で、以下、兵庫県の47件、北海道の43件と続きます。

　この中には全国的に有名なブランドもありますが、筆者の目から見て「本当に隣接都道府県に及ぶほどの周知性を獲得しているのか？」と疑問に感じるものも少なからず存在します。したがって、地域ブランドの周知性に関する特許庁の審査は、それほど厳格ではないのかもしれません。

　地域においてリーダー的立場にある中小企業であれば、地域貢献の観点からも、地域団体商標の登録を主導してみる価値は十分あるでしょう。

第3節　異種知財混合による「ミックス戦略」

　中小企業・スタートアップの事業が順調に成長し、企業規模がある程度大きくなってきたら、「ミックス戦略」も検討に値するでしょう。

　ミックス戦略とは、商標権に他の知的財産権を組み合わせることで、より強力な独占排他権を生み出す戦略をいいます。

狭義のミックス戦略（商標・特許・意匠の重複設定）

　狭義のミックス戦略は、一つの新商品をリリースする際に、その商品のネーミングに商標権、技術に特許権、デザインに意匠権を重複設定する戦略です。これにより、異なる側面から商品を守る強力な独占排他権を構築することができます。

　商標権だけの場合に比べて、権利の取得と維持に少なからぬ手間と費用がかかりますが、多くの大企業では当然のようにこの戦略を採用しています。

　例えば、パナソニック社のモバイルパソコンには、他社のパソコンには見られない円形のデバイスがキーボードの手前に搭載されています（**図6-3-1**）。

　このデバイスの「ホイールパッド」というネーミングには商標権が設定されています。また、このデバイスの上で指を時計回りにクルクルとなぞれば画面をどこまでもスクロールでき、

■図6-3-1　ホイールパッド

　この使いやすさを実現した技術（発明）には特許権が設定されています。さらに、独特の円形デザインには意匠権が設定されています。

　このミックス戦略によって、パナソニック社は競合他社が類似デバイスをパソコンに搭載することを多面的に封じてきました。

シームレス戦略（意匠と商標の相互補完）

　ミックス戦略の応用型が「シームレス戦略」です。

　シームレス戦略とは、新商品のデザイン（立体的形状）について、まず意匠権を設定して長期間独占的に実施し、全国的な周知性を獲得した段階で商標権を設定し、半永久的に独占しようとする戦略をいいます。

　意匠権は、公開前の新規性のある製品デザインについて独占排他権を設定できますが、権利は出願から25年で消滅します。

一方、商標権を製品デザインについて設定するためには、その立体的形状が長年にわたり使用され、全国的に周知されている必要があります（ロゴなし立体商標：第3章第6節）。しかし、いったん商標登録が認められれば、商標権は半永久的に存続できます。

　つまり、この戦略の目的は、意匠権と商標権の制度上の長所と短所を相互に補完し、2つの権利を時間的に切れ目なく（シームレスに）設定することにあります。

　シームレス戦略を成功させた例として、ホンダ社のスーパーカブやコカコーラのボトルの形状が挙げられます。これらの形状は、意匠権によって他社の模倣を防ぎながら長期間独占を続け、日本人ならそれを見ただけで出所を識別できるほど著名になった段階で、商標権が設定されました。

オープンクローズ戦略（特許と商標の相乗効果）

　「オープンクローズ戦略」とは、自社の基礎技術をあえて他社に開放（オープン）して新たな市場を形成する一方で、コア技術を独占（クローズ）することでその市場における覇権を握ろうとする戦略をいいます。

　例えば、インテル社はマザーボードの設計技術を世界中のパソコンメーカーに格安でライセンスする一方で、マイクロプロセッサに関する特許技術は自社で独占しました。この戦略により、インテル社は自社のマイクロプロセッサに最適化されたパ

ソコン市場を世界的に拡大することに成功しました。

このようなオープンクローズ戦略の主役は特許権ですが、商標権も重要な役割を果たします。つまり、自社が独占するコア技術に独自のネーミングを付与し（例：○○技術、○○方式など）、それを商標登録することで、技術力とブランド力の相乗効果を生み出し、市場における競争優位性をさらに強固にできます。

この例では、インテル社が世界各国で商標登録した「intel inside」などのラベルを各社のパソコンの見やすい位置に必ず貼るよう求めることで、ブランド価値を高める商標戦略を採用しています（図6-3-2）。

■図6-3-2 登録5777817号

第4節　防護標章登録による「イージス戦略」

　本章の最後に、「イージス戦略」を紹介します。中小企業・スタートアップが順調に成長を遂げ、例えば数十年後に日本国内の誰もがその名を知る大企業となった暁には、ぜひこの戦略を検討してほしいと思います。

　イージス戦略とは、商標法に定められた「防護標章登録制度」を、著名登録商標の盾（イージス）として、ブランドを徹底的に防衛する戦略をいいます。

防護標章登録制度

　「防護標章登録制度」とは、全国的に著名な登録商標について、防護標章登録を認めることにより、他人が登録商標の指定商品・役務とは非類似の商品・役務について同一商標を使用したり商標登録することを防ぐ制度をいいます（商標法第64条、第67条第1号、第4条第1項第12号）。

　なお、「標章」とは、使用される前の単なる文字・図形などを指す用語です。標章が商品・役務について使用されると「商標」になります（第2章第1節）。

> 第六十四条　商標権者は、商品に係る登録商標が自己の業務に係る指定商品を表示するものとして需要者の間に広く認識

されている場合において、その登録商標に係る指定商品及び
これに類似する商品以外の商品又は指定商品に類似する役務
以外の役務について他人が登録商標の使用をすることにより
その商品又は役務と自己の業務に係る指定商品とが混同を生
ずるおそれがあるときは、そのおそれがある商品又は役務に
ついて、その登録商標と同一の標章についての防護標章登録
を受けることができる。（以下略）

第六十七条　次に掲げる行為は、当該商標権又は専用使用権
を侵害するものとみなす。

一　指定商品又は指定役務についての登録防護標章の使用
（以下略）

第四条　次に掲げる商標については、前条の規定にかかわら
ず、商標登録を受けることができない。

十二　他人の登録防護標章（防護標章登録を受けている標章
をいう。以下同じ。）と同一の商標であつて、その防護標章
登録に係る指定商品又は指定役務について使用をするもの

著名登録商標の保護範囲を拡大

　著名な登録商標は、指定商品・役務の類似範囲を超えて出所
混同が生じる可能性があります。このため、防護標章登録制度
は、著名な登録商標と同一商標について、非類似の商品・役務
にまで商標権の効力を広く及ぼすことを目的としています。

　防護標章登録の出願は商標権者が行い、特許庁は主に登録商標が著名であるかどうかを審査します。存続期間は10年で、更新は可能ですが、無審査で更新できる商標登録とは異なり、更新のたびにその時点で著名であるかどうかが審査されます。

登録防護標章はブランドの中のブランド

　登録防護標章（防護標章登録を受けている標章）は、J-PlatPatで登録商標と同様に検索できます。

　2025年2月現在、有効な登録防護標章は3239件のみ。有効な登録商標が228万件超あることを考えれば、その希少性は一目瞭然です。まさに登録防護標章は、著名商標として選ばれしブランドの中のブランドと言えるでしょう。

　現在有効な登録防護標章の中で最も古いものは、1970年に登録された「いの一番」（**図6-4-1**）で、最も新しいものは、2025年1月14日に登録された「ＵＣＣ」です（**図6-4-2**）。また、第1章の冒頭で例示した「Panasonic」も、現在の書体で登録されています（**図6-4-3**）。

■図6-4-1　第645182号防護第01号

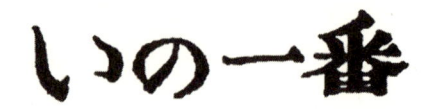

■図6-4-2　第1443677号防護第43号

ucc

■図6-4-3　第1327604号防護第43号など

Panasonic

中小企業・スタートアップが目指すべき王道

　このように、登録防護標章は、いずれも日本人なら誰でも知っているレベルの著名商標です。したがって、中小企業・スタートアップが自社の登録商標について防護標章登録を受けるケースは、実務上ほとんど考えられません。

　むしろ、他社の登録防護標章を使用することのないよう注意が必要です。例えば、著名ブランドに便乗したパロディ商品を販売するような安易なビジネスは邪道であり、避けるべきでしょう。

　中小企業・スタートアップにとって大切なのは、自社オリジナルのブランドを商標登録によってしっかり守り、地道に丁寧

に正直に育て上げていくことです。そして、いつか全国的な著名ブランドへと成長したときに、その証として防護標章登録を行う。これこそが、本書を通じて筆者が提案する、中小企業・スタートアップが目指すべき王道の商標戦略なのです。

第6章のまとめ（より高度な商標戦略にも挑戦しよう）

第1節：マドプロ出願による「ワールド戦略」

　海外市場に進出する場合、マドプロ出願をするのが適当です。マドプロ出願は、オンラインで行うことができます。ＷＩＰＯアカウントを取得し、Madrid e-Filingにログインし、システムの指示に従い必要事項を記入し、所定の手数料を支払えば出願手続は完了します。先行商標調査も無料で行うことができます。中小企業向けの補助金を利用すれば負担を抑えることができます。

第2節：地域団体商標による「ローカル戦略」

　地域の特産品ブランドの多くは「地名＋商品・役務の普通名称」であるため、商標法第3条に該当し、原則として商標登録が受けられません。そこで、地域経済活性化の観点から創設されたのが地域団体商標制度です。地域団体商標を取得する最大のメリットは、特産品のブランド力を強化できることです。地域のリーダー的立場にある中小企業は、地域団体商標の登録を主導する価値があります。

第3節：異種知財混合による「ミックス戦略」

　商標権に他の知的財産権を組み合わせることで、強力な独占排他権を生み出すことができます。狭義のミックス戦

略は、一つの商品について、商標権、特許権、意匠権を重複設定します。シームレス戦略は、新商品のデザインについてまず意匠権を設定し、全国的周知になった段階で商標権を設定して永久独占します。オープンクローズ戦略では、コア技術のネーミングを商標登録します。

第4節：防護標章登録による「イージス戦略」

防護標章登録制度は、全国的に著名な登録商標について、他人が非類似の商品・役務について同一商標を使用したり商標登録することを防ぐ制度です。登録防護標章は希少です。中小企業・スタートアップが目指すべき王道の商標戦略とは、自社のブランドを商標登録によって守り育て、いつか著名ブランドに成長したときに防護標章登録を行うことです。

おわりに：商標戦略で未来を切り拓く

　最後までお読みいただき、ありがとうございました。

　本書には、商標弁理士として筆者が培ってきたノウハウのすべてを注ぎ込みました。中小企業・スタートアップの経営者におかれては、ぜひ今すぐ、自社ブランドの商標登録に取り組んでいただきたいと思います。

　本書で紹介した事前準備と審査対応を実践すれば、貴社の実情に合った最適な商標権を確実に取得できるでしょう。

　ただし、商標登録には一定の手間と時間がかかります。多忙な経営者にとって、慣れるまでは決して軽い負担ではありません。細かな判断に迷うこともあるでしょう。そのような場合は、本書で紹介した知識を身につけた上で、専門家のサポートを活用するのも一つの選択肢です。

　特許事務所に依頼する最大のメリットは、手続にかかる手間と時間を大幅に削減できることです。一方で、デメリットは追加費用がかかることです。そのため、コスト以上の価値を提供できる「よい特許事務所」を見極めることが重要です。

　筆者が考える「よい特許事務所」の条件は、次の5つです。

　第1に、「商標専門」を標榜し、主に商標案件のみで経営を維持できていること。

第2に、商標相談や先行商標調査を、常に無料サービスとして提供していること。

　第3に、詳細な料金表をウェブサイトに公開し、明朗会計を実践していること。

　第4に、区分数に関わらず一律の料金体系を設定し、不必要な区分を勧めないこと。

　第5に、新規受注件数に上限を設け、サービスの質を高く維持していること。

　これらの条件をより多く満たす特許事務所と出会えれば、貴社の商標戦略を支える心強いパートナーとなるでしょう。

「中小企業というものは、日本経済の基盤であり根幹である」

　これは、筆者が崇拝するパナソニック創業者・松下幸之助氏の言葉です。彼は1918年にわずか3人で立ち上げた小さなスタートアップを、一代で社員30万人超を擁する日本屈指の巨大グローバル企業へと成長させました。その驚異的な成長を支えた原動力の一つが、「国民の必需品を提供する」との信念を込めて彼自身がネーミングした「ナショナル」という強力なブランドでした。

　同じように、日本全国の中小企業・スタートアップが、適切な商標戦略によってブランド価値を高め、それを原動力として日本や世界を舞台に力強く成長・発展していくこと。これこそが、役人時代から現在に至るまで変わらぬ筆者の願いです。

本書がその一助となれば、これほど嬉しいことはありません。

　本書の執筆にあたり、原稿の校正をはじめ多大なお力添えをいただいた同文舘出版株式会社の松本幹太氏に、心より感謝申し上げます。的確で丁寧なご指摘のおかげで、内容をさらに読みやすく、わかりやすく仕上げることができました。ここに深く御礼申し上げます。

2025年 3 月24日

児嶋　秀平

参考文献

特許行政年次報告書2024（特許庁）
https://www.jpo.go.jp/resources/report/nenji/2024/index.html

商標出願ってどうやるの？（特許庁）
https://www.jpo.go.jp/resources/report/sonota-info/document/panhu/
shutugan_shien.pdf

事例から学ぶ商標活用ガイド（特許庁）
https://www.jpo.go.jp/support/example/trademark_guide2024.html

商標の国際登録制度活用ガイド（特許庁）
https://www.jpo.go.jp/resources/report/sonota-info/document/panhu/
panhu18.pdf

海外展開支援策まる分かりガイド（特許庁）
https://www.jpo.go.jp/support/chusho/document/shien_kaigaishingai/
pamph16_print.pdf

2020年度模倣被害実態調査報告書（特許庁）
https://www.jpo.go.jp/resources/statistics/mohou_higai/document/
index/0000.pdf

地域団体商標ガイドブック〜活用編〜2024（特許庁）
https://www.jpo.go.jp/system/trademark/gaiyo/chidan/document/
tiikibrand/guidebook-catalog_2024.pdf

工業所有権法逐条解説（特許庁／発明推進協会）
https://www.jpo.go.jp/system/laws/rule/kaisetu/kogyoshoyu/
chikujokaisetsu22.html

中小企業白書2022（中小企業庁）
https://www.chusho.meti.go.jp/pamflet/hakusyo/index.html

中小企業ＢＣＰ策定運用指針（中小企業庁）
https://www.chusho.meti.go.jp/bcp/

事業継続力強化計画策定の手引き（中小企業庁）
https://www.chusho.meti.go.jp/keiei/antei/bousai/download/
keizokuryoku/tebiki_tandoku.pdf

知的財産侵害物品差止申立制度（税関）
chrome-extension://efaidnbmnnnibpcajpcglclefindmkaj/https://www.
customs.go.jp/mizugiwa/content/202208nisemonodeokomari_naka.pdf

松下幸之助物語（パナソニックホールディングス株式会社）
https://holdings.panasonic/jp/corporate/about/history/founders-story.
html

索　引

著者略歴

児嶋秀平（こじま しゅうへい）

児嶋国際特許事務所 ® 所長弁理士。
中小企業・スタートアップの成長を支える「商標登録」の専門家。
1988 年、京都大学法学部を卒業後、通商産業省に入省。以後、経済産業省、中小企業庁、警察庁、外務省、内閣官房などで 30 年間にわたり政策立案や国際交渉に従事。経済産業省北海道経済産業局長、徳島県警察本部長などを歴任。
2021 年、弁理士試験合格を機に、児嶋国際特許事務所 ® を創業。現在は、商標登録を通じた中小企業・スタートアップのブランド保護に力を注ぐ傍ら、官僚時代の知見を生かし、経済安全保障・危機管理アドバイザーとしても活動している。
座右の銘は「迷わず行けよ、行けばわかるさ」。趣味は筋トレと映画鑑賞。滋賀県出身、東京在住。
■児嶋国際特許事務所 ® ホームページ：https://www.kojima-ip.com

知財で差をつけろ！
中小企業・スタートアップのための商標戦略

2025 年 4 月 28 日　初版発行

著　者 ── 児嶋秀平.

発行者 ── 中島豊彦

発行所 ── 同文舘出版株式会社

東京都千代田区神田神保町 1-41　〒 101-0051
電話　営業 03 (3294) 1801　編集 03 (3294) 1802
振替 00100-8-42935
https://www.dobunkan.co.jp/

©S.Kojima　　　　　　　ISBN978-4-495-54181-1
印刷／製本：萩原印刷　　Printed in Japan 2025